L'instant où tout a basculé

SYLVAIN

AUGIER

L'instant où tout a basculé

RÉCIT

J'AI LU

À Manon et Hadrien

Donnez-moi la sérénité d'accepter ce que je ne peux changer, le courage de changer ce qui peut l'être, mais aussi la sagesse de distinguer l'un de l'autre.

MARC AURÈLE

24 août 1988
au cœur de l'après-midi…

C'est un mercredi. Nous sommes partis de Toulouse, en 4×4, jusqu'au pic de Loudenvielle, dans les Pyrénées. Mes deux beaux-frères, trois amis et moi. Nous stoppons à deux mille mètres environ. L'endroit idéal. Il fait un temps splendide. La vallée est dégagée, pas un nuage à l'horizon. Et une chaleur… Surtout quand on enfile la combinaison de vol, l'équipement complet de parapente. Le soleil d'août cogne sans pitié. En même temps, c'est bon. J'aime le soleil, la chaleur. Ça me manque à Paris. Le Sud, mon Sud, me manque. Les autres sont en vacances. Pas moi. Je me suis juste offert une petite escapade entre deux émissions. Et j'ai bien l'intention d'en profiter.

Tout à l'heure, alors que nous nous apprêtions à quitter Toulouse, il s'est avéré qu'un des garçons du groupe n'avait pas d'aile.

« Aucun problème, j'ai dit. Je te prête la mienne. Moi je prendrai la Genair. »

Il y a eu une sorte de silence autour de moi. J'ai fait comme si je ne le remarquais pas. Du moins, j'ai préféré ne pas y prêter attention. La Genair, c'est une aile suisse, plus performante que les autres, plus rapide, plus fine. Elle peut monter de cinq à six mètres par seconde. À ce jour, c'est la meilleure. C'est aussi la plus dangereuse. Très dangereuse. Avec un sale record derrière elle : quelques morts et plusieurs handicapés à vie, dont certains ont fini par se tirer une balle. Je ne l'ignore pas. Et ça fait froid dans le dos. Je sais que le danger est réel. J'ai appris qu'il n'y a pas de bons pilotes. Il n'y a que des vieux pilotes. Et même un vieux pilote n'est pas intouchable. Il peut toujours arriver quelque chose.

Toujours.

D'ailleurs, pas plus tard qu'hier, un copain de Chamonix, excellent sportif, m'a passé un coup de fil pour le moins inquiétant : « Je viens d'avoir un accident avec la Genair. Elle s'est refermée d'un coup sans que je puisse la rouvrir. J'ai eu beaucoup de chance… *Sylvain, ne vole pas sous cette voile, elle tue tous ceux qui l'utilisent.* »

Sur le moment je me suis promis de tenir compte de sa recommandation. Mais aujourd'hui, évidemment, je l'ai oubliée comme par enchantement. Je n'ai pas envie d'y penser. La Genair, je la connais, je l'ai déjà pratiquée. Et je suis venu pour voler. Dans deux jours je dois retourner à Paris pour assurer le direct de « La Une est à vous », samedi sur TF1.

Alors je ne vais pas me priver de ce plaisir. Oublier une après-midi la télévision, le succès, ce tourbillon qui m'entraîne, plus fort que moi.

Il doit être aux alentours de 16 h 30. Nous décollons, tous les six, du pic de Loudenvielle. C'est magique. Comme à chaque fois, la sensation de voler est inouïe. La plus intense que je connaisse. Un éblouissement sans cesse recommencé. C'est effleurer l'infini du bout des doigts. Tout autre repère est aboli, on navigue dans une langue étrangère, un corps nouveau, on pourrait prendre la Terre entre ses mains. Enivrante, effrayante impression de légèreté et de puissance folle. De tout temps les hommes ont rêvé de voler. De monter le plus haut possible. Jusqu'à s'en brûler les ailes. Ça m'a toujours fait fantasmer. Peut-être à cause de l'aéroport de Toulouse-Blagnac, du Concorde que je voyais décoller et atterrir des fenêtres de l'appartement où nous vivions, de tous ces avions merveilleux qui ont fait la légende de l'Aéropostale. Je la connais par cœur ! Petit déjà, j'avais une dizaine d'années à peine quand j'ai installé des ailes que j'avais fabriquées moi-même sur mon vélo. Et du sommet d'une colline, nous nous étions élancés, mes ailes, mon vélo et moi, persuadés de répéter, en mieux, l'exploit d'Icare. Inutile de dire que nous avons fini quelques instants plus tard sur le bas-côté de la route, mon vélo plié, mes ailes toutes brisées, et moi bien amoché. Quelqu'un d'autre, peut-être, aurait été vacciné, découragé à jamais. Pas moi. Au contraire.

Plus ça résiste, plus ça en vaut la peine.

Depuis des années maintenant je fais du delta et du parachutisme. Entre deux émissions. Le parapente, je m'y suis mis tardivement, dans les Hautes-Alpes. Mais j'ai déjà une longue pratique. Le principe est simple : on pose l'aile derrière soi, on court, l'aile se lève et se place peu à peu au-dessus de notre tête, il faut courir jusqu'à ce qu'elle se gonfle. Là, on s'envole, attaché au bout des suspentes, assis dans un fauteuil – à l'inverse du delta où l'on est allongé. Après, si l'on trouve un bon thermique, on peut voler des heures. Un thermique, c'est de l'air qui monte, un air chauffé au contact de certaines matières qui renvoient la chaleur du soleil – un pierrier, une route, un précipice. Une petite bulle qui devient de plus en plus grande au fur et à mesure de son ascension. Par conséquent, plus vous êtes haut, plus vous avez de chances de rentrer dedans. Le thermique se déplaçant, il est aussi important d'avoir toujours sur soi, entre autres, un petit appareil électronique (un variomètre) qui vous indique si vous montez et à quelle vitesse.

De prime abord, ces données techniques semblent un peu compliquées. Mais j'ai appris à manier tous ces éléments. Ce n'est pas un problème. C'est même ce qu'il y a de plus simple, finalement. En revanche, ce qu'on ne peut jamais maîtriser complètement c'est le hasard, la part de la nature.

Ou du diable.

C'est pourquoi, avant de se jeter dans le vide, on inscrit dans le col de sa combinaison son groupe sanguin. Comme à moto. Comme dans tous les sports à haut risque. Ce n'est pas pour tenter le sort, pour jouer les oiseaux de mauvais augure.

C'est juste au cas où.

Me voilà donc à nouveau dans les airs aujourd'hui, avec des ailes bien plus perfectionnées cette fois, bien plus solides qu'à l'époque de mon vélo volant. Haut, toujours plus haut. Bien plus que les autres. En fait, ils ont déjà dû amorcer leur descente. Je ne les vois plus. Je suis dans un gros thermique. Au-dessous de moi, j'aperçois un pierrier et, à côté, un précipice. J'ignore lequel des deux me fait monter. Comme le soleil est vraiment très puissant, c'est idéal. « J'ai enroulé le thermique », comme on dit, je me suis mis en virage dedans et je m'élève, je m'élève. C'est grisant. Je dois à être à huit cents, mille mètres peut-être, de mon point de décollage maintenant, soit à trois mille mètres environ du niveau de la mer. Une bonne altitude, un sacré panorama ! Mais je commence à avoir un peu froid. Je vole depuis une bonne demi-heure. Il est temps d'amorcer la descente. D'ailleurs je suis arrivé au « plafond » : l'endroit où l'air chaud se condense et forme un petit nuage qui disparaît aussitôt. On en voit souvent, en montagne, par temps radieux, ciel bleu, comme aujourd'hui.

Je sors du thermique.

Et là, soudain, j'entends un bruit sec. Juste ça, un bruit sec. Une seconde, à peine.

Comme un coup de fouet ou une porte qui claque violemment.

La moitié de mon aile s'est refermée.

Immédiatement, la voile se met à partir en torche, à tourner, tourner. De plus en plus fort. De plus en plus vite. Il faut que je la rouvre sinon je vais m'écraser au sol, sur le pierrier, ou tomber dans le précipice ! Et à cette allure, quasiment en chute libre, c'est du dix mètres par seconde. Ce qui signifie que je n'ai que quelques secondes devant moi !

Bien entendu, je n'ai pas le temps de faire ces calculs. J'ai les yeux rivés à mon aile, quelques mètres au-dessus de moi. Bloquée ! Irrémédiablement bloquée ! Pas moyen de la rouvrir ! Un, deux, trois, quatre tours... Impossible ! La rotation de la voile est toujours plus rapide, et la force centrifuge m'empêche de ramener ma main. Même pour tirer mon parachute de secours. Sept, huit, neuf... tout va trop vite pour que je puisse avoir peur. Pour que je réalise que je n'ai aucune chance de m'en sortir. Que c'est la mort garantie.

Dix...

Je sens quelque chose sous mes pieds. Un tout petit choc.

Je viens de toucher le sol.

I

Des années plus tard, quand je repense à ce jour, à cette seconde, aux alentours de 17 heures, le 24 août 1988, où tout a basculé, où la mort m'avait donné fermement rendez-vous et où je lui ai fait faux bond, j'en tremble encore, je l'avoue. Parce que aujourd'hui je sais ! Je mesure le terrible accident dont j'ai souffert et ses conséquences, les mois d'hôpital, de rééducation, les opérations successives, je connais la douleur épouvantable qui ne m'a plus jamais quitté, depuis des années, qui m'a conduit très loin dans l'aliénation et ne m'abandonnera plus jusqu'au dernier jour.

Mais je sais aussi qu'on peut survivre à tout. Que toute chute a une signification. Une nécessité. Et surtout : un rebond.

C'est pourquoi, s'il est possible de mourir plusieurs fois, il est évidemment imprescriptible, urgent, de vivre tout autant.

La Genair a été interdite de vol ce même été. Elle a cessé d'être commercialisée. Elle avait tué beaucoup trop. J'ai conscience d'être un rescapé. Le condamné à qui, au dernier moment, on a finalement accordé une ultime grâce. Parce que normalement, je le répète, je n'avais aucune chance. Une chute libre de plusieurs centaines de mètres, en pleine montagne, ça ne pardonne pas. Au-dessus d'un pierrier ou d'un précipice en plus ! Tout seul. J'aurais dû mourir. Sur le coup, avec un peu de chance, ou après une terrible et irrémédiable agonie. Personne ne savait où j'étais. Et, bien entendu, à l'époque, il n'y avait ni radio ni téléphone portable. Aucun moyen de communication. J'avais peu de chances qu'on me localise rapidement. Le temps que les secours soient alertés et qu'ils me retrouvent… ça aurait fait les gros titres de la presse TV pendant… combien ? Une à deux semaines ?... « Sylvain Augier se tue dans un accident de parapente ». Ou alors : « Le Toulousain, promis à un bel avenir sur le petit écran, a disparu mercredi dans les Pyrénées. Son corps n'a pas encore été… » ; « Il n'y a plus d'espoir de retrouver… », etc.

Voilà ce qui aurait dû se passer. Mais à l'évidence ce n'est pas ce qui était écrit. Car ce jour-là, quand j'ai touché le sol (que je n'avais même pas vu arriver puisque je fixais toute mon attention au-dessus de moi, sur ma voile), ce n'est pas sur le pierrier que je me suis écrasé. Ce n'est pas non plus dans le précipice où j'aurais été déchiqueté. C'est entre les deux.

Et entre les deux, s'étendait un triangle pentu d'herbe de montagne, très moussue, très tendre, de quinze mètres sur quinze environ…

Tout mon corps a frappé sur le côté gauche. Si ça avait été la tête, je serais mort ou tétraplégique. Curieusement je ne sens rien. C'est fou. Le choc m'a paru tout petit. C'est en tout cas ce que je crois dans un premier temps. Je ne me rends pas compte encore que j'ai échappé à la mort. Et mon copain qui me disait hier au téléphone de ne pas voler avec cette aile maudite !... Quel imbécile je suis de ne pas l'avoir écouté. Elle est là, cette fichue voile, par terre, à quelques mètres derrière moi. Le temps de récupérer, je me cale bien pour ne pas glisser. Le terrain est très pentu. Il ne manquerait plus que je roule dans le vide. « Espèce d'idiot, tu n'as plus qu'à redécoller maintenant. »

Je regarde mon bras. C'est insensé car au bout, ma main n'y est pas ! Étrangement. Ma main, je la vois pourtant, mais pas du tout là où elle devrait être ! Complètement rabattue sur l'avant-bras. Je ne comprends pas. Alors j'ouvre ma combinaison comme je peux. Et là, je commence à trouver cela nettement moins drôle. Car à la place de ma main, j'aperçois les os de mon bras. Qui sortent. Double fracture ouverte, d'après ce que je peux juger au premier coup d'œil. Ça saigne un peu. Rien d'alarmant toutefois. Paradoxalement je ne ressens toujours rien, seule l'épaule me fait un peu mal. J'ai dû quand même me l'amocher sérieusement. « Bon, Sylvain, l'essentiel, c'est d'être toujours en vie, avec la tête en bon état. Le reste n'est pas si important. » J'ai toujours pratiqué l'autopersuasion. « Ce qui est pénible, c'est que je vais devoir replier mon aile et me débrouiller pour descendre à pied. Plus question de voler. Ce n'est pas grave, je ferai l'émission de samedi avec un plâtre. Allez, il ne faut pas traîner. »

Seulement, au moment où je soulève ma jambe gauche pour me lever, je ne vois plus mon pied. Ma grosse chaussure blanche de montagne pend dans le vide.

Mais au bout de quoi, bon sang ?

Il me suffit de quelques secondes. Pour réaliser. Mon pied est quasiment arraché. À travers la chaussette, j'aperçois maintenant les os qui percent, ainsi qu'une sorte de tuyau élastique, rouge : une artère, presque totalement sectionnée. Et une tache, rouge vif, inquiétante, qui grossit à vue d'œil dans l'herbe. Brusquement, je réalise l'ampleur du désastre, la gravité de la situation : je suis en train de me vider de mon sang à toute allure. Je suis seul. Personne ne sait où je suis. Je ne peux ni bouger ni alerter qui que ce soit. Que puis-je faire ? Réponse : rien. Ou presque. Une seule chose est encore de mon ressort, parvenir à endiguer un peu l'hémorragie. Il y a quelques années, quand j'étais reporter à la rédaction de France Inter, j'avais passé six mois sur *Gauloises 3*, le voilier de Loïc Caradec et de Philippe Facque, en Patagonie, avec six marins et six alpinistes, à descendre les canaux de la Terre de Feu. On naviguait en direction du Hielo Continental, un énorme massif montagneux éternellement couvert de glace. Six mois, c'est long. J'avais appris beaucoup de choses. Nous avions tout le temps pour cela. Le médecin de l'expédition, Jean-Louis Étienne, m'avait donné des leçons de secourisme. Notamment sur la manière de faire des garrots. En toute circonstance. Par exemple un garrot en compression, quand un membre est détaché du corps. Avec n'importe quoi, un bout de chiffon, tout ce qu'on veut. À l'époque, j'avais pensé : « Pourquoi pas, ça peut toujours servir. » Et puis j'aime apprendre, je suis d'un naturel curieux.

Je ne croyais pas si bien dire ! Ce jour-là, sur ma montagne, la leçon de Jean-Louis me revient en un instant. De toute façon, il n'y a pas trente-six solutions. Je n'ai pas énormément de moyens à ma disposition. La première urgence, c'est d'abord de bien me caler sur cette pente. Ce que je fais avec mon pied droit.

Ensuite, à la guerre comme à la guerre, j'enfonce mon poing droit ganté dans l'artère, pour la boucher au maximum.

C'est tout ce qui est en mon pouvoir. Le reste ne m'appartient pas, ne dépend pas de moi. Ne dépend plus de moi. C'est pourquoi je ne m'inquiète pas. Je ne panique pas. Qu'est-ce que ça changerait ? Bizarrement, je ne souffre toujours pas. Tant mieux parce que pour le reste… Mon sort n'est pas très enviable ! Il fait chaud. Et malgré mon garrot de fortune, le sang continue de couler. Sachant que l'homme a entre cinq et six litres de sang dans le corps, combien de temps vais-je tenir ? De deux choses l'une : soit mon heure est venue, soit elle ne l'est pas. Soit les secours arrivent à temps – les secours, ça veut dire un hélico, forcément –, soit ils arrivent trop tard.

Alors, comme je l'ai toujours fait, s'il ne me reste plus qu'une heure sur Terre, je veux la vivre pleinement, chaque minute, chaque seconde. Je suis là, sur mon triangle d'herbe, un pied broyé et la main en charpie, sous un soleil de plomb. Le sang s'échappe de mon corps et emporte doucement avec lui ma vie. Oui, la vie me quitte. Il y a peu de chances désormais que je fasse l'émission de samedi sur TF1. D'ailleurs, si je m'en sors, il y a peu de chances à mon avis que je refasse une émission tout court ! On va me trouver un remplaçant au pied levé – mauvais jeu de mots dans ces circonstances – et m'oublier dans la foulée. L'audience n'attend pas. Tant mieux, en un sens. Je savais bien que ce n'était pas pour moi. Je me demandais même comment j'allais me tirer de là. Eh bien, on dirait que le ciel m'a donné une réponse ! Jusqu'à présent, ma vie a été trop simple, trop gâtée. Irréelle. Voici une entrée fracassante dans la réalité. J'ai trente-trois ans.

Il était temps !

C'est long, la dernière heure de sa vie. Plus exactement, c'est lent. Je n'ai pas peur de la mort, même si je n'ai pas de certitude sur ce qui se passe dans cet « après » mystérieux. Je suis croyant. J'ai été élevé dans la religion catholique. J'ai fait ma communion. Avec mes parents, on allait à la messe tous les samedis en fin d'après-midi à Toulouse. Ce que je n'aime pas, c'est le dogme et la vision d'un Dieu le Père Grand Horloger Tout-Puissant. Je pense plutôt que Dieu est en chacun de nous. Je comprends enfin, à cet instant, le sens, l'importance de la prière. Je prie. Et sur mon triangle d'herbe de montagne, je me mets à fredonner. Une chanson de Jean-Jacques Goldman.

Il y a
Des jours et des nuits lentes
Et l'histoire absente…

J'adore Goldman. J'ai toujours rêvé de le rencontrer. Je n'en ai pas eu l'occasion… encore… Si je m'en sors…

Et loin de tout, loin de moi
C'est là que tu te sens chez toi
De là que tu pars, où tu reviens chaque fois
Et où tout finira
Il y a…

Le sang coule, la vie me quitte. Je ne me suis pas marié. Je n'ai pas eu d'enfant. Je garde mon poing rentré dans mon artère. Au seuil de la mort je pense à ma mère. Et je souris. Je souris de toutes mes dents. Parce que si mon heure est venue, je veux qu'on puisse lui dire : « On l'a retrouvé avec le sourire sur les lèvres. » Qu'elle sache que je meurs heureux, tranquille, sans souffrance.

Mon dernier message est pour elle.

[…] *Et plus la terre est aride, et plus cet amour est grand.*

Comme un mineur à sa mine, un marin à son océan.

Plus la nature est ingrate, avide de sueur et de boue.

Parce que l'on a tant besoin que l'on ait besoin de nous.

Elle porte les stigmates de leur peine et de leur sang.

Comme une mère préfère un peu son plus fragile enfant […]

II

Les autres, je l'apprendrai plus tard, se sont posés depuis un moment. Au début, ils ne s'inquiètent pas de mon absence. Ils me connaissent. Il faut toujours que j'aille plus loin, plus haut, plus vite. Ils savent qu'ils vont bientôt me voir arriver avec les yeux émerveillés d'un enfant coupable d'espiègleries. Comme d'habitude. Il n'y a aucune raison pour que ce ne soit pas le cas cette fois encore. Des accidents, et même sérieux, j'en ai déjà eu. Je m'en suis toujours sorti. Jusqu'à présent. À cet instant même, ils en plaisantent tout en scrutant le ciel, avec la paume des mains en guise de visière.

Le ciel où je n'apparais pas.

À mesure que passent les minutes, leurs rires perdent en intensité. Leurs blagues se font plus rares. Entre eux, le silence finit peu à peu par s'imposer. Personne n'ose exprimer tout haut ce qui germe lentement dans la tête de chacun. Et si… ? Non, pas Sylvain ! Sylvain a une excellente formation aéronautique, il ne peut rien lui arriver. Et au pire… Vous vous souvenez du jour où son parachute a failli ne pas s'ouvrir ?... Il s'en est fallu de peu !... À chaque fois, allez savoir comment, il s'en tire. Et il recommence. L'air, c'est son élément. Sa mère le lui répète souvent : « Sylvain, le Ciel vous aime. » Le problème, c'est la Genair. Et si... ? Bientôt, ils se rendent à l'évidence : il se passe quelque chose, j'ai dû avoir un pépin, il faut signaler ma disparition. Même s'ils restent persuadés que je ne vais pas tarder à surgir et qu'ils en seront quittes pour une bonne frayeur. Mais ils le savent, en montagne chaque minute compte, il vaut mieux ne pas perdre davantage de temps.

Benoît, un de mes beaux-frères, appelle la sécurité civile. L'ennui, c'est qu'il a bien du mal à donner des indications précises.

« On l'a perdu de vue depuis plus d'une heure. Il doit être quelque part entre le pic de Loudenvielle et Val-Louron. »

C'est vaste. De toute façon, l'hélicoptère n'est pas libre pour le moment. Et avant qu'il le soit, je serai peut-être déjà mort.

Mais ce jour-là, il n'était pas prévu que je meure.

Dans la vallée d'en face, deux personnes ont aperçu la voile jaune fluo de mon parapente sur le triangle d'herbe pentu où je me vide de mon sang. Anormalement immobile. L'une d'elles, dont je n'ai jamais connu l'identité et sans qui peut-être je ne serais pas là pour raconter cette histoire, contacte à son tour les secours et leur donne ma position exacte. L'autre, c'est Richard Raynal, champion de

France de deltaplane, qui n'hésite pas une minute sur la marche à suivre. Il décolle, traverse la vallée et vient se poser à contrepente, juste à côté de moi, dans un mouchoir de poche.

Du grand professionnalisme.

Le temps de sortir de son harnais, il se précipite à mes côtés. Malgré le voile sombre qui est tombé sur mes yeux, je crois distinguer qu'il vacille quand il découvre mon état, ce qui reste de mon corps, de mon pied, la mare de sang dans laquelle je baigne.

« Non, s'il te plaît, ne t'évanouis pas parce que moi je suis vraiment en train de partir. »

Je n'ai pas la force de lui dire autre chose. Je l'ai vu arriver au loin, de manière très floue. Un petit point qui grossissait et qui miraculeusement venait dans ma direction. J'ai eu du mal à comprendre ce que c'était. Je n'y vois presque plus. Richard n'est qu'une forme noire pour moi. Je suis extrêmement faible. Ça fait peut-être une heure que je suis là maintenant. Je ne sais pas combien de litres de sang j'ai perdu. J'ai très froid.

Je meurs.

Richard insiste pour me faire un garrot, mais moi je veux garder mon pied, je veux sauver mon pied ! J'y crois encore. Même si à présent c'est une question de minutes, tout au plus ! Alors c'est lui qui met son poing à la place du mien et tente de boucher l'artère, pour me permettre de me reposer.

Il ne peut rien faire d'autre lui non plus. Il me parle, m'anime, m'encourage à tenir bon. Me maintient encore un peu du côté de la vie. Il ne sait pas qui je suis. Je ne sais pas qui il est. Nous ne nous sommes pas reconnus. C'est seulement le jour suivant que nous connaîtrons nos identités respectives. Pour l'heure nous ne sommes que deux hommes entre la vie et la mort. À la grâce de Dieu. Et qui tendons l'oreille à l'affût du bruit annonciateur de ma délivrance.

Seul un hélico peut encore me sauver. Le tournoiement d'un hélico au-dessus de moi. Je rêve de l'entendre depuis une heure. Et c'est soudain ce que je crois entendre, un moteur, des ailes, à travers les limbes où je flotte, tout semble irréel, la voix de Richard me parvient comme en apnée, je ne comprends plus très bien ce qu'il me dit, je ne sais pas pourquoi une comptine d'enfant tourne dans ma tête, *je te plumerai la tête, gentille*... La mort, peut-être ?...

Une Alouette 3.

L'hélicoptère qui s'est immobilisé au-dessus de nous est une Alouette 3. C'est ce que m'explique Richard depuis quelques minutes et que je ne suis plus en mesure de véritablement entendre. Bien entendu, il ne peut pas se poser. Alors il bourdonne juste là, sur nos têtes, fait du surplace comme un gros insecte impuissant. Un sauveteur descend au bout d'un treuil. Il découpe aussitôt un bout de ma chaussure et constate l'ampleur des dégâts.

Mon pied est violet, mes orteils déjà en griffe de ne pas avoir été alimentés depuis plus d'une heure. Un bon début de nécrose. Il faut sans tarder me transfuser. Le sauveteur vérifie mon groupe sanguin, étiqueté sur ma combinaison. AB. Receveur universel. Si ce n'est pas de la chance !... Richard et lui me donnent tour à tour leur sang de bras à bras. On m'apprendra ensuite que j'avais perdu cinq litres ! La mort avait déjà commencé à envahir une partie de mon corps. Combien de minutes à vivre me restait-il encore ? Très peu. Je ne le saurai jamais.

Ce jour-là, non vraiment, il n'était pas prévu que je meure.

Grâce au sang, la vie revient et, avec elle, la douleur arrive enfin. Puissante, effrayante, insoutenable.

« Je vous en supplie, donnez-moi n'importe quoi pour que ça s'arrête. »

Le secouriste m'administre aussitôt trois doses massives de calmant. Il réduit ensuite la fracture, remet mon pied dans l'axe. De l'hélico descend une civière sur laquelle on m'harnache. Et me voilà dans les airs, suspendu à un hélico vers lequel on me hisse très lentement pour éviter que je tournoie trop dans le vide. Allongé sur ma civière, je contemple la bête ronflante au-dessus de moi. *Alouette, gentille alouette.*

Je te revaudrai ça, ma vieille !

Une fois dans l'hélico, le secouriste me couche en travers de l'appareil, qui a la taille de mon brancard. Le pilote me regarde et me fait un signe de la main. Ça va ? Je lui souris de toutes mes forces. Il fait beau, le ciel est bleu, je vole à nouveau.

Je sais que la vie va recommencer.

Et qu'elle ne sera plus jamais comme avant.

III

Vivre, oui. À n'importe quel prix ? À notre arrivée aux urgences de l'hôpital de Tarbes, la douleur est déjà redevenue plus forte que les calmants. Le chirurgien chef de service envisage de découper ma chaussure.

« Je vous en supplie, endormez-moi, anesthésiez-moi ! Je ne veux pas voir, pas sentir. Je ne veux pas être là. Faites ça sans moi ! »

Je n'ai jamais eu aussi mal de ma vie. Et je ne suis qu'au début de mon calvaire.

Je me réveille le lendemain. Ma mère est à mes côtés. Le long plâtre dissimule la fracture de ma main. Tous les tendons ont été sectionnés. Je ne le sais pas encore, mais il me faudra six mois pour retrouver tous les mouvements de ma main, pour simplement faire de nouveau « la pince ». Quant à mon pied, presque arraché, il est enveloppé pour l'instant dans un épais bandage opaque et rigide en fibre de verre qui comprend une petite fenêtre par laquelle on pourra suivre l'évolution de la guérison, dans un sens ou dans l'autre, au cours des jours à venir.

« Tout ce qui ne nous tue pas nous rend plus fort. »

Cette phrase de Nietzsche, c'est mon cousin Bruno qui me l'envoie dans un télégramme. Rien d'autre, juste la citation comme ça, brute de décoffrage. Au milieu des centaines de messages que je reçois ce jour-là, plus conventionnels, celui-ci détonne un peu, il faut l'avouer. Mais il est le plus juste. Bruno me connaît bien. Il sait ce qui coule dans mes veines. Dans nos veines. Il sait que de cette lourde épreuve je sortirai grandi. L'essentiel, c'est d'être en vie.

Quand on a appris à ma mère que je venais d'avoir un accident gravissime, elle a réagi de la même façon : « Est-ce qu'il est en vie ? » ; « Est-ce qu'il va s'en sortir ? » ; « Alors tout va bien, c'est le plus important. »

Ce matin, elle montre tout de même un visage bouleversé. Bien qu'elle s'efforce de ne rien laisser paraître. Cette fois, j'y suis allé un peu fort. Il ne s'agit pas de quelques égratignures sans conséquence. La convalescence va être longue, douloureuse, interminable. Ma mère le devine. Elle ne me quittera pas. Elle sait que sa place est d'être auprès de moi, nuit et jour. Quoi qu'il se passe désormais. Je suis son fils, son seul garçon, célibataire encore. J'ai besoin d'elle.

De la chambre, à la télévision, je vois Gérard Holtz annoncer mon accident. Un déluge de télégrammes de Paris me parvient jusqu'à Tarbes. Ceux de TF1 sonnent comme des condoléances. J'apprends que Bernard Montiel me remplace pour le direct du samedi. Je ne comprends pas encore que ce remplacement est définitif. Je ne me rends compte de rien, je suis un peu naïf. On ne m'attendra pas. Et ceux qui me tendront encore la main dans quelques mois ne seront pas nombreux. Mais pour l'heure je suis à mille lieues d'imaginer cela. Je constate seulement ce mauvais coup du sort qui me fait « tomber » de si haut au moment précis où je commençais à atteindre une certaine « hauteur ». L'émission que j'animais sur TF1 depuis un an m'avait soudain propulsé sur le devant de la scène. Même si elle ne me correspondait pas. Même s'il y avait quelque chose qui clochait dans tout cela.

Peut-être cette « chute » n'est-elle pas un hasard ? Peut-être arrive-t-elle, au contraire, au bon moment ?

Je ne suis pas encore en mesure de le comprendre. Ce jour-là, sur mon lit à l'hôpital de Tarbes, j'ai plutôt l'impression que c'est tout un rêve qui se brise.

Car j'en rêvais depuis longtemps, c'est vrai, de devenir un jour « riche et célèbre ». J'avais gravi lentement les marches de la notoriété. Et la télévision, c'était la suite logique du parcours. Ça ne pouvait qu'arriver. Après toutes les années passées à la radio (et déjà l'impression dérangeante d'en avoir un peu fait le tour), après quelques premiers pas désordonnés et discrets sur plusieurs chaînes, voilà que la jeune TF1, tout juste privatisée, était venue me chercher, moi, le petit Toulousain de France Inter, au profil pourtant assez nettement « service public ». Mais Dominique Cantien et Guy Lux m'avaient confié depuis septembre dernier les rênes de « La Une est à vous » le samedi après-midi. Quatre heures de direct. Cinq à sept millions de téléspectateurs. Quinze mille à dix-huit mille appels par émission. Pour un baptême du feu… « *Augier, le petit jeune qui monte* », entendait-on à droite et à gauche. Je n'avais pas à me plaindre. Pourtant, tout cet argent facile, les contrats de publicité, les costumes gratuits, les voitures et les motos prêtées… En mon for intérieur, je n'étais pas sûr que c'était vraiment pour moi. Je pensais à mon père qui avait travaillé dur toute sa vie, à son sens incorruptible de l'intégrité, à son honnêteté, à ses phrases sentencieuses sur le mérite et sur la générosité : « Il faut rendre à la société ce qu'elle nous a donné. » Mon père, que la dépression familiale avait fini par rattraper.

Dépression atavique, génétique, qui me hantait, me terrorisait.

Peut-être était-ce à elle que je cherchais à échapper par cette folle allure, enchaînant les émissions à une cadence toujours plus infernale ? Pour cette seule saison 87-88 j'avais alterné mon émission quotidienne du soir sur France Inter avec une rubrique sur Canal + au côté de Philippe Gildas, trois heures de direct sur France 3 le dimanche après-midi et ces quatre heures, donc, sur TF1 le samedi. Ça ne laissait pas beaucoup de temps au repos et à la méditation. Mais il faut croire que je n'aimais pas beaucoup les moments d'accalmie. Puisque, à mes rares heures « perdues », j'écrivais pour différents organes de presse, ou bien j'organisais une fête pour plusieurs centaines de personnes, ou encore j'allais tester un nouveau joujou aéronautique.

J'ignore après quoi je courais. Ce que je fuyais. Je poursuivais une quête inassouvie, quelque chose de difficile à cerner. Une certaine idée du journalisme, celle qui me faisait rêver, enfant, et à laquelle j'avais décidé assez tôt de vouer ma vie. Quand j'écoutais, lycéen, Jacques Chancel à la radio. Quand j'ai vu Michel Drucker pour la première fois à la télévision. Quand je me suis retrouvé à quelques mètres des reporters de guerre américains au Nicaragua pendant ma coopération.

Journaliste, un métier digne et noble, au service des autres.

Plus encore, une vocation.

Et je me retrouvais présentateur d'une émission dite de « divertissement » sur TF1, une après-midi de télévision à la carte alternant entre des séries américaines et des variétés... Quel était mon rôle ? Inciter le plus de téléspectateurs à voter en téléphonant pour choisir la série qui serait diffusée dans les quatre genres suivants : aventure, science-fiction, policier et western. Et faire la promotion de chanteurs qui chantaient en play-back et venaient vendre leur disque. Je ne me sentais pas très à l'aise à cette place. D'une part, je me trouvais nul, mauvais. De l'autre, j'avais l'impression d'être un imposteur. Je n'aimais pas cette course à l'audience qui intéressait TF1, ces interviews préparées, ces *soaps* sans intérêt. Tout était faux, tout était truqué. Et moi qu'étais-je devenu ? Un pantin de paille et de chiffon au service des chiffres ? Je ne voulais pas tromper les gens. La seule chose qui m'intéressait vraiment, c'était d'assister aux débuts émouvants de nouveaux talents, d'être le premier à leur poser des questions, à percevoir leur fragilité, à deviner la carrière qui les attendait. Mylène Farmer, Florent Pagny ou encore Patricia Kaas faisaient partie de ces jeunes artistes que j'avais accueillis sur le plateau de « La Une est à vous ».

Et j'aimais aussi, c'est indéniable, la lumière des projecteurs, l'angoisse dans le ventre avant l'enregistrement, la tension palpable, la sensation de surpuissance une fois qu'on est au centre du monde, qu'on est le centre du monde et que tout s'efface, peurs, doutes et frustrations.

C'est comme se jeter dans le vide du haut d'une montagne.

Pareil.

Une fuite en avant, sans doute. J'en avais tout de même un peu conscience, mais je ne savais pas comment je pourrais me sortir de là. Je me persuadais qu'il fallait faire confiance à la vie. Je l'avais toujours fait, en dépit de tout. Jusqu'à aujourd'hui. Malgré mon angoisse chronique et les obstacles que j'ai pu rencontrer. Je suis toujours retombé sur mes pattes, comme les chats. Jusqu'à mon accident, mon existence a été plutôt facile, un peu irréelle, aisance matérielle, jeunesse dorée. J'oublie très vite les images laides ou les personnes hostiles qui peuvent parfois m'entourer, que je ne vois pas ou préfère ne pas voir. Oui, je l'avoue, jusqu'alors je me suis efforcé de vivre dans un monde de rêves et de jeux où tout était possible. Peut-être était-ce l'expression de mon immaturité, peut-être fallait-il que je grandisse un peu ? Pourtant, c'était précisément ce que j'espérais pouvoir transmettre aux autres, aux auditeurs et aux spectateurs. Du rêve. Est-ce à dire que je m'y réfugiais ? Que je résistais toujours, en dépit de mes trente-trois ans, à entrer dans la réalité ? J'avais évité de me poser ces questions. J'avais vécu à trois cents à l'heure. J'aimais quand mes pieds ne touchaient plus le sol.

Et que le monde, tout en bas, devenait petit, petit… de plus en plus petit.

IV

Le deuxième jour, les médecins enlèvent la petite fenêtre de mon plâtre. Horreur ! Mon pied est devenu tout noir. Aucun doute sur le diagnostic : la gangrène ! Et elle a commencé à monter. Jusqu'où ira-t-elle ? C'est toute la question. Une greffe ne sera possible que lorsqu'elle s'arrêtera. Et si elle n'est pas montée trop haut. Malheureusement il n'y a rien à faire pour la stopper. Rien du tout ! Il faut juste attendre et suivre son évolution.

Par conséquent, on retire complètement mon plâtre devenu inutile. Je suis sous morphine nuit et jour. Tous les matins, les chirurgiens examinent mon pied. La gangrène continue de progresser.

« Il faudrait songer à amputer.

— Pas question. Jamais. »

Je n'hésite pas une seconde. Même si je dois souffrir jusqu'à la fin de ma vie, je veux garder mon pied, le toucher, le palper, le masser. Les médecins tentent de me convaincre du contraire. Si la gangrène progresse encore, bientôt ce sera la jambe entière qui pourrira comme la branche morte d'un arbre.

« Mieux vaut une bonne prothèse qu'un mauvais pied », argumentent-ils.

Je pense exactement l'inverse. Je me souviens du père d'une amie, amputé d'une jambe à la suite d'un accident de voiture, qui m'a souvent raconté la douleur atroce, innommable, du « membre fantôme ». Rien n'est pire que cela, disait-il. Une vraie torture qu'il éprouvait à chaque minute de son existence. Si je dois souffrir, je préfère que ce soit à cause d'une partie de mon corps qui m'appartient toujours.

« Mieux vaut un mauvais pied qu'une bonne prothèse. »

Au bout de cinq jours, on me transfère jusqu'à Pau, dans la clinique de l'un de mes cousins. Ma mère ne me quitte pas d'une semelle. Même dans l'ambulance. La situation demeure inchangée : la gangrène continue sa progression. Je persiste dans mon refus d'une amputation. Je résiste à la douleur grâce aux médicaments.

Dans ma chambre, à la clinique de Pau, je reçois des visites. Mes sœurs, mes cousins. Ma famille est très nombreuse (c'est un euphémisme !) et vit dans la région (hormis quelques exceptions). J'ai pas moins d'une quarantaine de cousins germains, dont je suis extrêmement proche. Un clan soudé autour de la maison de Forgues, à une trentaine de kilomètres de Toulouse, et de ma grand-mère Marcelle.

Forgues, c'est toute mon enfance, mon adolescence et plus encore. J'y reviens dès que je peux. C'est mon sol, où plongent mes racines au plus profond. Cette année, alors que mon image publique n'avait cessé de grandir, en étant toujours plus décalée de ma personnalité réelle, Forgues me permettait chaque fois de renouer avec ma véritable identité. D'un côté, l'animateur aux sept millions de téléspectateurs et qu'on reconnaissait désormais dans la rue ; de l'autre, le garçon angoissé, désireux de plaire à une mère qu'il idolâtre et de ne pas déplaire à un père trop absent.

Ma mère est l'aînée de... douze filles et de deux garçons ! Tous ont un caractère bien trempé, une personnalité singulière et puissante. Dans ce contexte, il va sans dire que j'ai été très fortement marqué par l'univers féminin au sein duquel j'ai grandi. Outre mes deux grand-mères, maman et mes onze tantes, sans parler de mes deux sœurs, les femmes ont représenté pour moi depuis l'enfance un monde dominant, fascinant, mystérieux, dont j'ai abondamment profité. J'adorais mes tantes. Petit, j'étais ébloui par la beauté de mes deux grand-mères, leur peau, leurs cheveux. Et j'ai toujours placé ma mère sur un piédestal indestructible.

Maintenant, sur mon lit d'hôpital, je réfléchis à la place particulière qui a été la mienne, ce qu'a impliqué pour moi d'être le seul garçon (et l'aîné) des trois enfants qu'ont eus ensemble mon père et ma mère, et premier garçon de la tribu des quarante-six cousins nés de mes nombreux oncles et tantes. J'ai assumé très vite le rôle de chef de bande (« Cicilou », c'est mon surnom), communicatif et fédérateur, sensible, rêveur, émotif, heureux et anxieux... Capable d'entraîner les autres dans les prises de risque les plus folles comme de faire preuve dans le même temps d'une certaine modération. Je n'ai jamais bu, jamais fumé. J'ai toujours eu en apparence un côté lisse, bon garçon, bon élève, poli, gentil. Mes excès se sont joués sur un autre plan, à l'arrière-plan. Cachés, derrière. Le côté plus râpeux de ma personnalité où se mêlaient une audace sans bornes, et sans peur, et la difficulté grandissante à supporter tout ordre ou interdit. Et, bien entendu, une confiance quasiment aveugle et indéfectible dans la vie. J'ai longtemps cru que la vie était une sorte de grande enfance prolongée, une simple partie de plaisir, une cour d'école ou encore un grand magasin de jouets où il n'y avait qu'à se servir. La vie était facile, on pouvait prendre sans rien donner, il fallait compter sur sa bonne étoile, les choses se feraient toutes seules quoi qu'il arrive. Longtemps, en dépit de quelques avertissements dont je n'ai pas voulu tenir compte, j'ai pensé ainsi.

Jusqu'à trente-trois ans, au fond.

Jusqu'au jour où je suis vraiment tombé de haut et me suis écrasé sur mon triangle d'herbe.

Avant, combien de fois avais-je pu parcourir Paris-Toulouse en avion, en voiture ou à moto ? En essayant systématiquement de réduire un peu plus encore la distance entre les deux villes. À l'extrême. Il m'est arrivé de faire le trajet en moins de six heures. Avec un des gros jouets qu'on me prêtait. C'était l'un des avantages de mon métier de journaliste et essayeur auto-moto pour différents magazines : on mettait à ma disposition d'innombrables engins incroyables. Et je n'allais pas m'en priver. J'éprouvais le besoin de vitesse, de sensations fortes. Je ne sais pourquoi, prendre des risques m'était indispensable. C'était ainsi depuis un moment et ça n'allait qu'en s'accentuant. Même si j'avais déjà frôlé la catastrophe à plusieurs reprises. Ça ne m'empêchait pas de continuer, de m'élancer de plus belle dans toutes les expériences qui me permettaient d'échapper au quotidien, qui le rendaient plus excitant. C'était devenu un art de vivre, ma marque de fabrique. La folle allure, la mise en danger. Comme le soulignaient tous les papiers que la presse m'avait consacrés depuis un an : *« Non seulement il saute en parachute, mais il pratique le parapente, le deltaplane, pilote des avions et prend des cours d'hélicoptère. Ouf ! On comprend que sa maman toulousaine se fasse de temps en temps du souci... »* (Télépoche) ; *« Il n'a de cesse de sauter en parachute, de faire du deltaplane, de piloter un offshore ou une Ferrari turbo à 340 km/h, de tester des avions de chasse ou des hélicoptères dernier cri, de courser le TGV dans un petit coucou, de sauter en chute libre à 4 000 mètres avec une planche de surf pour glisser sur les nuages, tout cela en smoking et haut-de-forme, rien que pour la rigolade...* » (L'Événement du jeudi) ; « *Sylvain Augier, c'est un fou volant sur de drôles de machines !* » ; « *Ce sportif accompli ; fana de tout ce qui vole...* » ; « *Avec lui, faut que ça bouge !...* » etc. Toujours la même rengaine.

La même étiquette.

Je n'accuse pas mes confrères. Ils n'avaient pas tort. Ils décrivaient ce qu'ils voyaient, ce que je voulais bien montrer. Ils prenaient ce que je leur donnais. En réalité, c'était peut-être moi qui tournais en rond. Qui me laissais peu à peu posséder, dévorer par cette image de casse-cou, de grand enfant intrépide, cependant bien élevé, propre sur lui. « *Sylvain Augier, c'est quelqu'un de sain* », avait titré récemment un magazine. De « sain » ? Il faut se méfier des apparences, elles peuvent être trompeuses... Quelqu'un, en tout cas, qui éprouvait la nécessité impérieuse de tutoyer le danger, de se mettre dans des situations impossibles, d'aller se ficher une frousse bleue et les nerfs en compote alors que rien a priori ne l'y poussait. En surface, du moins. Il y a ceux qui font tout pour échapper à leurs peurs, à leurs phobies. Et ceux qui, à l'inverse, ne peuvent s'empêcher d'aller à leur rencontre. Comme moi. J'avais peur de sauter en parachute, je m'élançais d'autant plus. À l'évidence, la vie sur Terre ne me comblait pas pleinement. Il me manquait quelque chose, une saveur, un piment que j'allais goûter en me jetant dans le vide, par tous les moyens possibles. Peut-être m'avait-il toujours manqué quelque chose, ou quelqu'un ? Et cet été, plus encore, à l'heure où la machine avait commencé à s'emballer et où je ne voyais pas comment j'allais pouvoir l'arrêter. L'engrenage du succès, de la célébrité, de l'argent. Mais d'un succès et d'une célébrité qui ne me convenaient pas. D'un argent qui me brûlait les doigts. L'émission avait tellement bien marché pendant l'année que TF1 avait décidé de la programmer tout l'été, quand mes autres émissions ne devaient reprendre qu'en septembre.

Désormais la rentrée se fera sans moi. La gangrène progresse un peu plus chaque jour. Mon pied est noir, mes orteils violets. Ils sentent épouvantablement mauvais. C'est dommage parce que sinon je ne me rétablis pas trop mal. Dehors il fait si beau, c'est encore l'été. Je pourrais voler si… Je ne peux m'empêcher d'y songer.

Mon cousin a téléphoné au meilleur chirurgien des greffes à Paris, à la clinique Franklin, le docteur Alain Gilbert. Si je ne me résous toujours pas à l'amputation, on peut organiser mon évacuation sanitaire pour qu'il puisse m'examiner.

Je ne me résous pas à cette mutilation-là. La nuit, il m'arrive parfois d'être réveillé en sursaut, en sueur, par un cauchemar angoissant : je regarde mon pied et il tombe, tout pourri, comme un fruit trop mûr, sans que je puisse rien faire. Alors les infirmières de garde, d'une grande douceur, d'une grande compréhension, si humaines, trouvent les mots qu'il faut pour m'apaiser et me redonner courage.

Après trois semaines à Pau, je suis transféré en avion, avec ma mère, jusqu'à Paris.

V

« Dès que j'ai vu ses mains, j'ai compris que c'était un excellent chirurgien », me murmure ma mère à l'oreille.

Alain Gilbert (qui soignera deux ans plus tard un certain Jamel Debbouze) nous fait d'emblée une excellente impression à tous deux. La clinique Franklin se situe dans le XVIe arrondissement de Paris, à deux pas de la Maison de la Radio dont j'ai sillonné, à différents étages, les couloirs pendant tant d'années. Et où commencera dans quelques jours, sans moi, l'émission que j'aurais dû animer cette saison avec Noëlle Bréham l'après-midi. On m'a installé dans une très jolie chambre, spacieuse, lumineuse.

C'est là, par miracle, qu'un beau jour la gangrène s'arrête de monter.

« Vous voulez garder votre pied ? me demande Alain Gilbert.

— Oui, à tout prix !

— Très bien, alors il faut agir vite. Comme vous ne fumez pas, nous avons une petite chance, mais pour cela je vais avoir besoin de votre grand dorsal. Quel côté choisissez-vous ? »

La greffe est prévue deux jours plus tard. On ne sait pas si elle va prendre. Si elle ne prend pas, je ne pourrai plus m'opposer à l'amputation. Je ne peux pas concevoir cette solution. Je refuse même de l'envisager. Pendant les deux jours précédant l'opération, ma mère ne quitte pas mon chevet. C'est moi qui suis obligé de la forcer à aller se reposer. Pour cela, la clinique Franklin est idéalement située, non loin du 10, avenue Bugeaud où, depuis huit ans, nous louons, plusieurs amis et moi, un immense appartement. Maman s'est installée là-bas. Elle vient tous les matins, à pied.

Le 10, avenue Bugeaud est un endroit devenu mythique dans mon histoire comme dans celle de toutes les personnes qui l'ont traversée. Huit ans plus tôt, en 1980, parmi notre petit groupe d'amis toulousains, j'étais le premier à rentrer de coopération à l'étranger. J'avais derrière moi trois ans de Sciences-Po et de droit. Je venais de passer plus d'un an au Nicaragua, plongé en pleine guerre civile. Quand j'ai su que mes copains allaient arriver à leur tour à Paris, je me suis mis à visiter les appartements à louer. Un ami de mon père, avocat, a accepté de se porter caution solidaire. C'est ainsi que nous avons failli habiter dans l'ancien appartement du grand Rostropovitch. Failli seulement. Il nous a filé entre les doigts. Mais ce n'était que partie remise. Quelques jours plus tard, je visitais un gigantesque sept pièces situé derrière l'avenue Foch, au deuxième étage d'un immeuble magnifique. Blanc. Haussmannien. Avec un balcon, une entrée, un grand living, un long couloir et une ancienne partie réservée au service. J'étais enthousiaste. Notre dossier était solide, les références excellentes. Le loyer était élevé mais, divisé par cinq, la part qui nous revenait à chacun était raisonnable.

Nous l'avons eu.

C'est ainsi qu'est né le « 10, avenue Bugeaud », avec ses fêtes célèbres, ses nombreux visiteurs, ses photos aux murs, ceux qui ne faisaient que passer, ceux qui restaient. Un appartement ouvert et joyeusement désordonné qui nous a permis à nous, le noyau dur, les permanents, « la base », d'affronter nos « débuts » professionnels respectifs en nous sentant moins seuls. Mes colocataires ? Jean-Paul, à l'époque chef de produit chez L'Oréal, aujourd'hui numéro un du groupe, qui nous a quittés pour diriger la filiale grecque de l'entreprise ; Serge, chef de produit chez General Food, et désormais à la tête du groupe Accor ; Jérôme, fils d'un chirurgien de l'Aude, excellent médecin radiologue ; Jean-Éric, brillant financier ; et Bruno, l'un de mes cousins germains, avocat, venu demander l'hospitalité pour un week-end. Il est finalement resté cinq ans !

En août 1988, à la date de mon accident, ils ont tous, ou presque, pris une année sabbatique pour faire le tour du monde en voilier. Voyage auquel je n'ai pas pu participer à cause de toutes mes émissions. J'avais juste réussi à les rejoindre une fois, à Panama, en montant un coup avec le magazine *Grands Reportages*. Je ne sais pas où ils se trouvent exactement au moment de mon hospitalisation. En tout cas l'appartement, lui, est tout près de la clinique. Il est grand et un peu vide. Ma mère occupe donc les lieux, du moins pour dormir.

Le reste du temps, elle est avec moi.

Anesthésie générale. Au réveil, les douleurs sont épouvantables. On me met sous perfusion. De la morphine, encore ! Ce sera comme ça pendant quatre mois.

Mais la greffe prend. On avait une chance sur deux.

Je ne serai pas amputé.

Pour résister à la douleur, je m'organise avec l'anesthésiste et les infirmières afin de diviser en deux la dose nocturne de morphine à laquelle j'ai droit et avoir par conséquent deux injections la nuit. Je ne me doute pas que je suis entré dans un engrenage infernal et que ce recours systématique aux médicaments empêche mon corps d'apprendre à lutter seul, m'emprisonne chaque jour dans une dépendance physique dont je n'ai pas conscience. De toute façon, je ne vois pas comment faire autrement. Je n'ai jamais autant souffert de ma vie. Et je ne pense pas être particulièrement douillet.

Quelques jours plus tard, nouvelle opération, nouvelle anesthésie. Cette fois, on râpe la peau de mes cuisses pour la greffer sur mon pied. Au réveil, la douleur est atroce.

La troisième opération, peu de temps après, est une greffe du nerf.

Je plaisante avec mon entourage, les équipes qui se succèdent. J'essaie de ne pas céder au découragement, de tout prendre comme un jeu.

Je remarque bien que, dans les médias, on m'oublie. Très peu de gens se souviennent encore de moi. Pour la plupart d'entre eux, ma carrière est finie.

C'est à ce moment-là que, de mon lit, encore sous perfusion, alors que les témoignages et autres expressions convenues d'amitié ont tous laissé place, lentement, à un silence plutôt éloquent, je formule très explicitement trois vœux :

Je marcherai de nouveau avec mon pied.

Je reviendrai dans ce métier.

L'hélico, qui m'a sauvé, jouera désormais un rôle dans ma vie d'une manière ou d'une autre. Je passerai mon brevet de pilote !

Voilà ma « sainte » trinité. Et au cours des longues semaines qui suivent, pas une heure ne passe sans que je me répète ces trois résolutions, comme si elles étaient écrites sur les murs de ma chambre, au plafond, au-dessus de mon lit. Je m'y accroche. Je m'y suspends. Y revenir sans cesse, presque obsessionnellement, m'apaise. Je suis plus serein. J'ai même arrêté de me ronger les ongles. Je lis beaucoup.

Je ne regarde pratiquement pas la télévision. Je suis sous morphine en permanence, mais je ne m'inquiète pas. Je ne vois pas le danger.

Depuis, je me suis beaucoup informé. Sur la notion d'accoutumance, ce « processus par lequel un organisme tolère de mieux en mieux un agent extérieur », cet « état dû à l'usage prolongé d'un médicament, d'une drogue (désir de continuer, effets nuisibles, etc.) », et sur la notion d'« assuétude », terme médical qui désigne l'augmentation progressive des doses nécessaires pour obtenir le même effet. Quand on passe peu à peu d'un quart de comprimé à un demi, puis à un entier, puis à deux, à trois, à toute une poignée ! Et quand l'effet obtenu, précisément, dure chaque fois moins longtemps.

J'étais devenu accro à la morphine. Je me disais que ça passerait, avec la douleur. Sauf que la douleur ne passait pas.

Alors, pour le moment, il n'y avait aucune raison d'arrêter la morphine.

Pour me donner du courage, je pensais souvent à ma grand-mère maternelle, Marcelle, qui a eu quatorze enfants (dont douze filles) et a échappé de manière rocambolesque et inespérée à un terrible accident de voiture. Un personnage haut en couleur, ma grand-mère, et même, sans exagérer, hors du commun. Une nuit, alors qu'elle conduisait sa 403 sur une petite route de campagne entre Toulouse et Forgues, sans doute beaucoup trop vite, elle a pris de plein fouet un platane. Le choc, d'une violence extrême, a été fatal à son passager. Le malheureux a été tué sur le coup. La flamboyante 403 n'était plus qu'un tas de ferraille fumant. Dieu seul sait comment ma grand-mère s'en était extraite dans l'état où elle était. Elle avait alors marché, toute seule, en pleine nuit et en rase campagne, du sang dégoulinant de la tête aux pieds pendant environ deux kilomètres avant qu'une voiture qui passait par là s'arrête et que le conducteur lui porte secours ! À cet instant-là, enfin, elle est tombée et, tandis qu'on la transportait d'urgence à l'hôpital de Toulouse, elle a sombré dans un coma profond qui fit perdre tout espoir à la famille. Les médecins ne lui donnaient aucune chance. Sa tête était fêlée. Son corps brisé de partout.

Personne ne parvenait à comprendre comment elle avait pu marcher aussi longtemps dans un pareil état. À plus de soixante ans !

J'avais quinze ans alors. Trois mois avaient passé et mamie ne sortait pas du coma. Il avait toujours émané de sa petite personne blonde et menue une telle force de vie qu'il n'était pas possible qu'elle meure. J'en étais persuadé. Elle avait résisté à une fausse couche et à quatorze accouchements, avait élevé les deux filles nées du premier mariage de son mari, buvait du whisky le soir et fumait beaucoup trop, ce qui lui avait donné au fil des ans une voix impressionnante devant laquelle tout le monde filait doux. Elle avait survécu à la mort de son époux et tenait d'une main de maître la maison de Forgues où elle maniait la scie circulaire comme personne et faisait vigoureusement sonner la cloche avant qu'on passe à table. Gare à celui ou à celle qui était en retard ! Enfants, nous l'adorions et la redoutions en même temps. Quand l'un de nous faisait une bêtise, elle demandait au coupable de se désigner et, s'il s'y refusait, infligeait une punition collective. L'été, à Porquerolles, elle se baignait tous les jours dans la mer, quelle que soit la température de l'eau. Et l'hiver, ni une ni deux, elle emmenait six ou sept de ses petits-enfants au ski dans sa Citroën traction avant 15 CV, avec ses deux banquettes qui se faisaient face à l'arrière. Un phénomène, ma grand-mère ! Aventurière, séductrice, elle avait toujours mordu dans la vie à pleines dents.

Quand elle est sortie du coma et qu'elle est redevenue, en quelques semaines à peine, exactement comme avant, on a parlé de miracle.

Je me souviens d'avoir ressenti une certitude très intense au plus profond de moi : si l'on aime la vie, si l'on désire puissamment la vie, si l'on s'accroche de tout son être à elle, alors elle est plus forte que tout. On peut se sortir de tout, on peut surmonter toutes les épreuves. À n'importe quel âge.

Impossible est un mot qui n'existe pas.

Une des premières leçons importantes de mon existence.

VI

Début décembre 1988, un peu plus de trois mois après mon accident, je passe du fauteuil roulant aux béquilles. J'assiste à un premier cours de rééducation en salle qui m'écœure à tout jamais. Merci, pas pour moi. Sans façon ! L'endroit sinistre, les gens tristes, les exercices inutiles (« Alors vous essayez d'avancer jusqu'à ce point là-bas et je reviens dans quinze minutes voir où vous en êtes »), tout me déprime aussitôt ! Je ferai donc les mouvements tout seul. Je réapprendrai à mon corps à marcher par moi-même, je redonnerai à mon pied sa fonction première. Je m'obligerai à faire des efforts tous les jours, à ne jamais emprunter l'ascenseur, à faire le maximum de déplacements à pied.

En quelques jours, je deviens un pro des béquilles.

Après quatre mois d'hospitalisation, je demande à sortir. J'étouffe dans ma chambre. J'ai besoin de prendre l'air, de voir d'autres visages, d'autres paysages, de me reposer loin de tout, de Paris. De réfléchir concrètement à l'avenir.

Je dois me reconstruire.

Le docteur Alain Gilbert n'émet aucune objection à me laisser partir. Il sait que c'est même plutôt bon pour mon moral. Une amie m'organise donc un petit séjour en Guadeloupe dans un très bel hôtel sur la plage. Quelques jours plus tard, je quitte Paris avec ma mère.

Sans oublier bien sûr mes béquilles et mes antalgiques.

Hormis mon transfert de Pau à Paris en septembre, je n'étais pas encore retourné dans les airs depuis mon accident de parapente. Ça me manquait. J'adore tous les engins volants. Cela remonte à mon enfance, à ce goût d'interdit, de frustration qu'ils avaient alors : mon père possédait un petit avion privé mais n'avait jamais voulu m'emmener à son bord sous prétexte qu'un jour j'avais couru devant l'hélice. J'ai dû attendre mes treize ans avant de prendre l'avion pour la première fois. Une ligne régulière. Mon père voulait que j'apprenne l'anglais et que j'entre à l'ENA, pour devenir haut fonctionnaire ou financier, dans une grande banque internationale. Tel était l'avenir qu'il envisageait pour moi. Ce n'était pas du tout ce que je projetais, mais je ne disais rien.

En apparence, je pliais sans résistance.

C'est pourquoi, tous les étés, pendant toute mon adolescence, mes parents m'ont envoyé à l'étranger. En juillet 1968 je me suis retrouvé dans une caravelle à destination de Londres. Tout seul. Quand l'avion a décollé de l'aéroport de Toulouse-Blagnac, quand il a amorcé son premier virage sur l'aile et que j'ai eu ma première « vue d'en haut », j'ai été instantanément subjugué. J'étais déjà conquis, c'est vrai. L'Aéropostale m'émerveillait et André Turcat, mythique pilote du futur Concorde et ami de mes parents, venait souvent à la maison.

Cet été-là, il y a donc eu l'Angleterre. Une famille très modeste dans un village près de Windsor. Je me rappelle de mon spleen le premier jour. Tout me semblait laid, les maisons toutes pareilles, alignées les unes à côté des autres, tristes et sombres. Je n'avais pas l'habitude de quitter ma famille, de sortir du milieu favorisé dans lequel j'avais été élevé. C'était un choc. Sans parler de la langue dont je ne comprenais pas un mot ! Mais dès le deuxième jour, fidèle à mon caractère, j'ai choisi de prendre le bon côté des choses, de me divertir et de profiter à fond de l'aventure. Je me suis fait de nombreux copains, venus tous comme moi faire un séjour linguistique. On improvisait des batailles en barque sur un lac. J'ai visité le château de Windsor, la tour de Londres. À Brighton, devant la Manche, je me suis pris à rêver d'avions, de combats. Les livres que j'avais lus peuplaient mon imaginaire. *Le Grand Cirque*, du héros de la Seconde Guerre mondiale Pierre Clostermann, en particulier. Alors c'était là que tout s'était passé ?

J'étais ému.

L'été suivant, ce fut l'Irlande, Dublin, chez des relations de mon père. Et en juillet 1970, l'Écosse, par le biais d'autres liens professionnels qu'il avait tissés. À l'époque mon père dirigeait l'usine Motorola de Toulouse. Il me fit embaucher comme ouvrier à la chaîne dans l'usine Motorola d'Édimbourg. J'avais quinze ans. Je triais des puces de semi-conducteurs en écoutant un transistor. Les gens qui m'hébergeaient étaient adorables. Ils m'ont emmené au Loch Lomond et au Loch Ness.

Je revenais toujours de mes séjours à l'étranger le sourire aux lèvres, conscient d'être privilégié par rapport à certains de mes camarades de classe qui, eux, ne partaient même pas en vacances. Je restais discret. Je parlais peu.

En été 1971, a eu lieu le vol du premier Boeing 747. Un événement historique. Mon père avait une place à son bord. Il a choisi de me la donner et d'en profiter pour m'expédier aux États-Unis. Après trois étés britanniques, il était temps, estimait-il, que je voie le monde en plus grand. Et de plus loin. Un des grands patrons de Motorola lui avait proposé de me prendre chez lui, en Arizona. Le vol inaugural du Boeing tombait à point nommé.

Comme j'étais excité à la perspective de ce voyage ! Me retrouver à bord de cet immense avion empli de journalistes, de personnalités. Traverser l'Atlantique. Passer l'été au cœur de l'Amérique ! Les grands espaces, la nature sauvage, le soleil. J'étais fou de joie.

« Le jumbo jet est tellement stable qu'à son bord vous pourrez même faire des châteaux de cartes. »

C'était à peu de chose près, si ma mémoire est bonne, le slogan du « Jumbo Jet » 747. Et pour cette raison, je me souviens parfaitement d'avoir fait au cours de ce vol magique, dont j'étais un des plus jeunes et des moins célèbres participants, un château de cartes avec Jacqueline Auriol ! Et il a tenu !

Arrivé à New York, j'ai passé la nuit dans un hôtel à Manhattan avant de rejoindre l'Arizona le lendemain. Et là, pendant un mois, j'ai vécu un rêve ! Maison luxueuse, golf, tennis, Mustang décapotables (les fils de l'ami de mon père avaient mon âge, mais ils conduisaient déjà. Ça me rendait fou !), le désert, le Grand Canyon. Le bonheur absolu. Il faisait très beau, très chaud. Les paysages étaient magnifiques. Cet été-là, j'ai découvert la musique rock et même vu Led Zeppelin en concert. J'ai même fumé mes premiers joints. De retour à Toulouse, je n'ai pas continué.

Un an après, en juillet 1972, je suis reparti tout seul aux États-Unis, en Caroline du Sud, d'abord chez une prof de français et ensuite dans la famille d'un chirurgien. Je me suis fait embaucher comme serveur dans une cafétéria puis comme lecteur de français dans un collège de filles. Avec le succès « exotique » qu'on imagine. Mais à l'époque j'étais un amoureux transi, romantique, contemplatif. Le monde féminin me troublait et m'impressionnait beaucoup. J'écrivais des lettres à la maison. Je ne téléphonais pas. Je ferai de même d'ailleurs lors de ma longue année de coopération au Nicaragua. Jamais de coups de fil. C'est trop violent, trop brutal. Soudain on prend conscience qu'on est à des milliers de kilomètres les uns des autres et qu'au moindre pépin on est impuissant. On mesure brusquement la distance et le manque. Je n'ai jamais aimé me faire de mal.

J'ai donc toujours préféré ne pas appeler, ne pas être confronté à la réalité indéniable.

Jusqu'à mon accident.

En ce début 1989, alors que je me retrouve avec un pied greffé qui me fait atrocement souffrir dans un bel hôtel de Guadeloupe, la réalité me rattrape bien cette fois.

Lors de ce séjour, ma mère, plus que moi, prend du bon temps. Tous les matins, aussitôt levée, avant même de prendre son petit déjeuner, elle va nager dans la mer. Elle lit, se repose. Je suis heureux pour elle. Elle le mérite bien. Elle n'a pas quitté mon chevet depuis quatre mois. Elle a le droit de se divertir un peu. Pour cette raison, je fais tout pour ne pas lui gâcher son plaisir. Je ne lui dis rien de ma douleur au pied qui augmente de jour en jour. À son insu, je me bourre de médicaments. Chaque fois davantage, chaque fois à intervalles plus courts.

Je me demande comment mon organisme parvient à tenir.

Mais un matin, impossible de cacher encore la vérité. La douleur est insoutenable. Je souffre comme un chien.

Nous abrégeons notre séjour et rentrons précipitamment à Paris.

VII

Le docteur Gilbert est en vacances. Je prends rendez-vous avec un autre spécialiste émérite, Louis Le Tournelle, surnommé « le chirurgien aux mains d'or ».

Nouvelle anesthésie, nouveaux prélèvements. Le diagnostic est foudroyant. Il ne laisse aucune place au doute : infection osseuse. En d'autres termes, mes os sont en train de fondre, de se dissoudre comme du sucre dans un verre d'eau. J'ai attrapé un germe. Où ? Comment ? Je ne le saurai jamais. La probabilité était infime. Il y a toujours quelque chose, même minuscule, que l'homme ne peut contrôler. La fameuse « part du diable ». Voilà, je suis l'exception qui confirme la règle.

Il a fallu que ça tombe sur moi !

Le docteur Le Tournelle veut m'amputer de toute urgence. Il affirme qu'il n'y a pas d'autre moyen de stopper l'infection. Le compte à rebours a commencé. Chaque journée est capitale. Mon ami Michel Anglade (qui a été victime d'un épouvantable accident d'hélicoptère quelques années auparavant) m'emmène consulter l'une de ses connaissances, une spécialiste des antibiotiques. Cette femme, qui connaît tout sur les germes, me procure immédiatement l'antibiotique qu'il me faut. L'infection s'arrête aussitôt. Quel soulagement ! Le problème, c'est que mon pied et ma cheville ont perdu toute sensibilité. Le Tournelle n'en démord pas : il faut amputer, d'après lui c'est la seule solution. La douleur est horrible. Je campe sur ma position. J'attends le retour d'Alain Gilbert.

Je suis devenu totalement morphinomane.

Dès qu'il rentre de vacances, le docteur Gilbert m'examine à nouveau.

« Vous voulez vraiment garder votre pied à tout prix, n'est-ce pas ?

— Sans hésitation.

— On peut tenter l'opération de la dernière chance. Longue et compliquée. Il faut que je sois honnête avec vous, nous avons très peu de chances de réussir. Qu'en dites-vous ?

— On tente. »

Alain Gilbert m'opère de nouveau deux jours plus tard, en compagnie d'un autre chirurgien de grand talent, Thierry Judet. Les deux praticiens travaillent pendant plusieurs heures. Je me réveille de l'anesthésie avec une sorte de grosse antenne de télé vissée à travers mon pied. C'est, m'apprend-on, un « fixateur externe en distraction ». L'opération a marché. En principe mon pied est définitivement sauvé, même s'il restera douloureux, à cause du nerf qui repousse n'importe comment à l'intérieur.

Et je suis condamné pour toujours à subir les chemins qu'il décidera d'emprunter.

Me voilà de retour à la clinique Franklin. Je retrouve ma chambre, le personnel si gentil avec moi. Ma mère arrive tous les matins à 10 heures et repart à 17 heures. Je dois prendre mon mal en patience. La rééducation va être très longue. J'ai l'impression que le sort s'acharne contre moi. Il faut que je mobilise toute mon énergie pour tenir bon.

Je m'étais préparé à une convalescence, pas à deux !

Au bout de six semaines, je n'en peux déjà plus. Si je ne refais pas une émission de radio, je vais mourir. Ou devenir fou ! La radio, c'est mon quotidien depuis bientôt dix ans. Depuis ce jour de septembre 1979 où je suis rentré du Nicaragua et me suis planté devant la Maison de la Radio, précisément à deux pas d'ici, en me demandant à quel endroit j'allais lancer mon grappin. Bien entendu, la route a été difficile et j'ai dû prendre de nombreuses bifurcations avant d'animer une émission, avant d'avoir ma *propre émission*. Il m'a fallu des années. J'ai longtemps frappé à des portes closes. J'ai tenté ma chance auprès de gens désagréables, provoqué des rencontres. Je n'avais aucune expérience. J'avais l'apparence bien propre d'un « fils à papa ». C'est peu dire qu'on ne m'a pas laissé beaucoup d'espoirs.

« Ne vous faites aucune illusion. Il n'y a pas de place. Vous n'y arriverez pas », me répétait-on.

Et la porte se refermait sans grand égard. Évidemment, ça me motivait encore plus. Je suis du genre obstiné, entêté même.

Flash-back.

Un jour, fin 1979, je prends mon courage à deux mains et vais voir le directeur de l'information de France Inter. L'homme, peu disponible, m'accorde deux minutes.

« Je n'ai rien pour vous. Au revoir.

— Prenez quand même mon numéro. »

Je ne désespère pas. Peu de temps après je rencontre Jérôme Bellay, alors directeur de la rédaction de France Inter. Je ne suis même pas sûr qu'il ait une seule fois levé les yeux sur moi. Mais je laisse mon numéro à son assistante. À toutes les assistantes que je croise. Je bavarde avec elles. Je ne suis pas avare de sourires. J'ai déjà compris qu'il existe plusieurs itinéraires pour arriver quelque part et que le plus droit n'est pas forcément le plus court.

Dix jours plus tard, le téléphone sonne. Il est 7 heures du soir. C'est une assistante de la rédaction de France Inter.

« Un stagiaire du CFJ qui devait se présenter aujourd'hui n'est pas venu. Au cas où il ne viendrait pas demain non plus, vous pourriez le remplacer au pied levé ?

— Je serai là dans la minute. »

Le lendemain, la sonnerie retentit à 4 heures du matin. Je me réveille d'un bond. Grâce à un garçon que je ne connaîtrai jamais et qui a renoncé au dernier moment à son stage, j'entre ce jour-là à la rédaction de France Inter.

Ma « vie radio » commence.

Quarante-huit heures après, je me retrouve porte de Clignancourt. Nous sommes le 2 novembre 1979, Jacques Mesrine vient d'être abattu par la police au volant de sa BMW vert métallisé. C'est mon premier « reportage » sur le terrain. Mais en réalité, ce jour-là, je me contente de regarder et n'interviens pas. Le baptême est symbolique. Je ne suis qu'un simple observateur. J'accompagne des reporters plus confirmés.

Mes vrais « débuts », je les fais quelque temps plus tard. Une grue est tombée dans la cour d'une école du XVe arrondissement. Apparemment deux enfants ont été blessés, mais ça aurait pu être plus grave. Que se serait-il passé à l'heure de la récré ?

« Le petit, me dit Jérôme Bellay, tu prends une voiture HF et tu ramènes un son et un bob. »

C'est un test. Bellay m'observe depuis mon arrivée. Il ne comprend pas exactement qui je suis, ce que je fais là, ce que je veux. À quoi rime mon zèle forcené. Je ne quitte plus la rédaction. Je dors sous les tables. Je rends service à tout le monde. Je suis prêt à faire n'importe quoi. Sans contrat, sans paie, rien. On me trouve un peu bizarre, mais les gens m'ont plutôt à la bonne. Un syndicaliste m'a tout de même demandé gentiment d'arrêter de me comporter ainsi. J'agis contre les droits des travailleurs et ça lui sape son combat.

« C'est vrai, mais moi je veux absolument y arriver. Par n'importe quel moyen. »

Je soutiens le regard pénétrant de Bellay. Je ne sais pas ce qu'est un « son ». Ni un « bob ». Ni même d'ailleurs une voiture « HF ».

« OK. J'y vais. »

Dans les couloirs, je trouverai bien quelqu'un pour me renseigner.

Un son, m'explique-t-on, c'est un témoignage. Un bob, abréviation de bobineau, c'est l'enregistrement de ce témoignage. Les voitures HF comme les motos (Haute Fréquence) se trouvent au sous-sol. Elles sont équipées d'une sorte de mini-studio de transmission qui permet de faire de la radio n'importe où à l'extérieur. Le journaliste qui monte à bord est automatiquement accompagné d'un chauffeur qui est aussi un technicien HF.

Je fonce. Sur place, un monde fou est amassé devant l'école. Les gens parlent beaucoup, commentent. Mais en réalité personne n'a rien vu. Je regarde autour de moi. Et j'aperçois alors un grand immeuble dont les fenêtres donnent sur la cour de l'établissement scolaire. Je me précipite et commence à sonner à toutes les portes. J'explique poliment qui je suis, ce que je voudrais. Ma tête de garçon bien élevé a ses avantages : deux dames m'ouvrent. Elles me racontent la scène. Elles ont tout vu, aux premières loges. Je recueille leur témoignage qui passera bientôt sur les ondes de

France Inter, en exclusivité, dans tous les flashs info.

Je suis le seul à avoir trouvé des témoins directs du drame. J'ai passé le test avec succès.

À partir de ce jour, Bellay m'envoie régulièrement sur le terrain. Il me surnomme « le petit qui ramène tout ». Je multiplie les reportages. Mais je n'ai pas le droit de passer à l'antenne. Trop débutant encore. Au bout d'un mois, j'obtiens finalement un contrat d'une durée de quatre mois. Passé ce délai, on me propose un CDI, un contrat à durée indéterminée, le quasi-statut du fonctionnaire, la sécurité à vie ou presque. Mais contre toute attente, je refuse. Et je demande un contrat de garde. Je ne cherche pas la sécurité. Je préfère la liberté et ne pas être lié définitivement. La « précarité » me convient parfaitement.

À la Maison de la Radio, on pense sans doute que je suis un peu fou.

Me voilà donc électron libre à la rédaction de France Inter. Je suis d'abord reporter d'alerte toutes les nuits. Cela signifie que je garde en permanence sur moi un eurosignal, une petite boîte rectangulaire avec quatre lumières. Selon celle qui clignote, je dois rappeler telle personne de toute urgence. À n'importe quelle heure. Évidemment, quand on vous appelle à 2 heures du matin, ce n'est jamais pour une nouvelle bien réjouissante. En général, c'est sordide, voire macabre. Agressions, accidents, incendies, cambriolages, viols, meurtres, prise d'otages...

La liste est impressionnante. Très vite, l'excitation qui m'avait initialement envahi retombe. Je m'aperçois que je suis angoissé. Je souffre du traumatisme de l'alerte à 3 heures du matin.

Je suis nerveux, je ne dors plus que d'un œil.

C'est l'époque des débuts du 10, avenue Bugeaud. Nous venons d'emménager. Matelas par terre, moquette rose abîmée et bric-à-brac dans toutes les pièces. Par rapport à mes colocataires, étudiants de très haut niveau et bosseurs invétérés, je passe un peu pour le saltimbanque de la bande. « Tintin reporter ». Mais entre nous il y a une vraie émulation. J'ai ma voiture avec le logo de France Inter. Mon Nagra (un gros magnétophone), mon micro. Mes missions improbables. Fort heureusement, je suis bien entouré. Au terme de quelques mois, quand on me sonne en pleine nuit, je trouve toujours quelqu'un pour m'accompagner. L'un de mes colocataires ou l'un de mes nombreux cousins qui vit à Paris. Je ne veux pas y aller seul. Ce n'est jamais très beau à voir. J'ai besoin d'avoir quelqu'un auprès de moi. La solitude, je m'en rends compte, est une hantise, une vieille peur venue de je ne sais où.

Pour l'heure, je n'ose pas l'affronter. Pas encore.

Au fil des mois, je fais de plus en plus de papiers. Je couvre de nombreux faits divers. Mais je m'aperçois progressivement que là n'est pas du tout mon rêve. Je ne veux pas être présentateur. Je ne souhaite pas rester indéfiniment au troisième étage, à la rédaction, même si un jour je passe à l'antenne. Peu à peu, ce dont j'ai vraiment envie, se profile assez nettement : monter au cinquième étage.

Celui des animateurs.

VIII

« Je me lève chaque matin comme à l'aube d'une grande catastrophe », m'a confié un jour un invité lors d'une émission. J'ai trouvé cet aveu admirable.

C'est exactement ce que je ressentais à l'époque de mes débuts à la radio. Et personne n'aurait pu le soupçonner. En apparence, j'étais enthousiaste, plein de vie. Je faisais rire les autres. Mais en réalité, c'était au prix d'un immense effort sur moi-même. J'étais revenu plus anxieux du Nicaragua. Moins léger. J'émergeais du sommeil envahi par une angoisse insurmontable de la vie, une sourde peur d'affronter l'existence, une nouvelle journée. Je n'arrivais pas à me lever, je ne voulais pas y aller. J'aurais voulu rester calfeutré sous mes couvertures, la tête enfouie dans l'oreiller. Le sommeil était un refuge. J'adorais dormir. Je ne comprenais pas ce qui m'arrivait. Je me demandais s'il s'agissait ou non de signes dépressifs. La dépression m'obsédait. Mon père avait fini par céder à ce mal dont avait souffert son propre père. Depuis quelques années il faisait régulièrement des séjours en clinique. Officiellement pour « se reposer ». J'étais terrifié à l'idée d'une répétition, d'une fatalité. Mes réveils étaient toujours douloureux. Le monde extérieur m'effrayait. Les alertes radio et les faits divers sur lesquels on m'envoyait en reportage n'arrangeaient rien à cette angoisse.

Sans doute pour ces raisons, pour échapper à la réalité et à cette part trop sombre de moi-même que je ne maîtrise pas, je me mets alors à multiplier les activités. Je me faufile dans les rédactions des magazines, je fais mon numéro de charme à tout le monde. En très peu de temps je sympathise avec toutes les attachées de presse de Paris. Je commence à faire des essais de voitures, de motos, de jets privés, de yachts, d'un peu tout à dire vrai, pour plusieurs supports (*Vogue Sport, Figaro Magazine, Ça m'intéresse, Challenges*). Je trouve même un magazine de luxe pour les Émirats arabes.

Grâce aux engins magnifiques que l'on me prête, je redescends très souvent le week-end dans le Sud. À vive allure. Avec un cousin ou un ami. Je n'ai jamais de mal à obtenir une autre voiture ou une deuxième moto. C'est à cette période que je m'initie également aux sports à sensation. Jouer avec le danger, toujours, narguer l'angoisse en la provoquant frontalement.

Le plus souvent, je pratique le parachute et le deltaplane avec mon cousin Thierry, devenu sourd à douze ans, et à qui je voue une immense admiration. Son humour, son amitié, sa force de vie m'ont toujours servi d'exemple. Je tiens mon courage de lui. De sa manière de sourire au monde. Il sera pendant des années mon plus proche compagnon dans toutes mes aventures.

À France Inter, je prends des notes sur les journalistes de la rédaction. Dans un petit carnet qui me sert de mémo, j'esquisse leur description physique, leur profil général (« petit moustachu teigneux » ; « blonde fatale et intouchable » ; « angoissé notoire », etc.). J'apprends de tous. Patrick Poivre d'Arvor, déjà présentateur à Antenne 2, mais encore à France Inter, me demande pour clore son journal de lui trouver tous les jours une histoire que je dois lui résumer en vingt lignes, en soulignant les axes essentiels de la dépêche.

Dans mon idée de m'incruster coûte que coûte à la rédaction, j'y passe aussi les week-ends (du moins quand je reste à Paris). Je veux y arriver. J'aime ce métier, je le sens, je suis fait pour cela. Je « paierais » même pour être là ! De plus, le week-end, la star de l'info, c'est Yves Mourousi.

Vedette du petit écran, où il a révolutionné la manière de présenter le journal, Yves a une personnalité très forte. C'est un insatiable jouisseur, un écorché vif qui brûle la vie par tous les bouts et arrive à la rédaction après une nuit blanche de folie. Irréprochable toutefois sur le plan professionnel. Malgré ses débordements nocturnes, il est toujours parfait à l'antenne. Tout en cuir, avec ses allures de motard à la « Village People », il n'apparaît jamais avant 11 h 30 pour le journal de 13 heures ! Je me demande comment il fait, combien de temps il va tenir à ce rythme. J'apprends beaucoup en le regardant.

Au début il m'ignore un peu. Et, un samedi, il me fait des avances, des propositions « malhonnêtes »…

Inadmissible pour moi.

« Même pour y arriver, jamais !

— Les petits bourges de province comme toi n'arrivent jamais nulle part. »

Je pense que je suis grillé, que c'est fini pour moi à Radio France.

Pourtant, le lendemain, quelques minutes avant les infos, une dépêche tombe : « En Chine, un bébé naît couvert de poils. » Yves Mourousi se tourne alors vers moi et me demande de faire un papier amusant sur le sujet.

« Tu le liras toi-même à la fin du journal de 13 heures. »

Je n'y réfléchis pas à deux fois. Je m'exécute aussitôt et rédige quelques lignes à toute vitesse. Pour la première fois je me retrouve devant le micro du studio. Mon papier fait beaucoup rire Yves. Grâce à lui, je passe enfin à l'antenne. Il est le premier à me donner ma chance. Qui l'aurait cru ? Par mon attitude, j'ai gagné son respect. À partir de ce jour, il sera toujours parfaitement correct avec moi.

Mis devant le fait accompli, Bellay commence à son tour à me laisser prendre la parole. Et, peu à peu, au détour de reportages ci et là au cœur des journaux, ma voix devient plus familière aux auditeurs de France Inter.

Quand je songe à cette période ! La Maison de la Radio était un vivier. Tout le monde passait forcément par ses murs à un moment ou à un autre. De nombreux talents confirmés ou en devenir s'y croisaient, s'y côtoyaient.

Jérôme Bonaldi, par exemple. Journaliste à la rédaction, reporter de terrain. Très vite je l'admire. Il est comme mon frère. Brillant, extrêmement travailleur. Il m'aide énormément. Ou encore Ève Ruggieri, animatrice vedette de la chaîne. Tous deux, comme Yves Mourousi et Patrick Poivre d'Arvor, seront des rencontres importantes, déterminantes. Tout comme Claude Villers ou Jacques Pradel.

Mais parmi tout ce joli monde, il y a aussi et surtout deux personnes très différentes, entrées à peu près au même moment que moi à France Inter, qui vont progressivement jouer un rôle capital dans ma vie : la première, c'est un certain Nicolas Hulot. À quelques jours près, il a exactement mon âge. Touche à tout, aventurier, passionné de nature, il pourrait être mon rival. Il devient mon modèle. Ex-chroniqueur moto de Patrice Blanc-Francard, il est « monté » directement au cinquième étage, et lance « Les Fêlés », le samedi à midi. Il démarre à la radio ce qui deviendra quelques années plus tard « Ushuaïa ». Il me fascine. Je l'envie. Son exemple me motive et m'accable à la fois. Je voudrais tant faire aussi fort que lui.

L'autre rencontre qui va bouleverser ma vie, c'est une petite brune sublime avec les yeux les plus émouvants que j'aie jamais vus. Elle est la fille d'un des plus grands comiques français et chroniqueuse chez José Artur.

Elle s'appelle Leslie. J'en tombe éperdument amoureux.

IX

Retour vers le futur. Début 1989, quelques mois après mon accident de parapente.

« Je voudrais refaire une émission. De la clinique. De ma chambre. Les auditeurs ne sont pas obligés de savoir que je suis dans mon lit, à trois cents mètres de la Maison de la Radio. Ça ne doit pas être bien compliqué, techniquement parlant... Une quotidienne, ce serait idéal... Sinon je ne sais pas comment je vais tenir le coup plus longtemps... Je suis au bord du désespoir...

— Et tu as une idée ? Tu as pensé à quelque chose ? », me demande simplement Ève Ruggieri, devenue directrice des programmes de France Inter.

Bien sûr que non. Je n'y ai pas vraiment réfléchi. J'ai appelé Ève sur une impulsion, sans rien anticiper. Comme d'habitude, je compte sur ma capacité d'improvisation.

« Écoute, je n'en peux plus d'être immobile. J'ai envie de bouger, de voir du pays. Je sais, dans mon état, ça paraît de la folie. Mais puisque je suis incapable de partir en voyage, pourquoi ne pas inverser la donne ? Et si c'était le voyage qui venait jusqu'à moi ? Tu vois ce que je veux dire ? Je pourrais avoir un invité, ici, avec moi, qui me raconterait un voyage ou une expédition quelque part dans le monde. Ça ferait rêver les auditeurs ! Ça ne coûte pas cher, il me faut juste une assistante qui conduit l'invité jusqu'ici, un technicien, et vogue le navire ! Ah oui, quelques atlas aussi…

— J'aime bien ce concept, me répond Ève à l'autre bout du fil. Une heure quotidienne du lundi au vendredi, *Voyage autour de ma chambre* en somme ! Pourquoi pas ? À quel moment pourrait-on la programmer ?

— Depuis septembre Noëlle Bréham assure seule, tous les jours, la tranche 14 heures/16 heures que nous devions animer en tandem. Il y aurait peut-être moyen de trouver une place dans ce créneau…

— Cela devrait être possible. Noëlle te passerait l'antenne à 15 heures, après le flash… Ton émission serait dans la continuité de la sienne, proche des auditeurs, à leur écoute, tout en leur apportant du rêve, de l'évasion… »

Je jubile. Ève Ruggieri est formidable. Réactive, directe. C'est la seule, depuis mon accident, qui me tend véritablement la main. Concrètement. En à peine quelques minutes, nous tombons d'accord sur tout.

« Mais au fait, as-tu pensé à un nom pour l'émission, Sylvain ? », me demande-t-elle soudain avant de raccrocher.

La réponse surgit, fulgurante, sûre et précise, évidente, comme si je l'avais préparée depuis longtemps. « "Chic Planète" ? »

En quelques jours tout s'organise. Un technicien installe le matériel nécessaire autour de mon lit. On fait quelques essais concluants avec Patrice, mon ami réalisateur qui se trouve, lui, en studio à la Maison de la Radio, et c'est parti ! Chaque jour, mon assistante amène un invité jusqu'à la clinique. Des aventuriers comme Gérard d'Aboville, mais aussi et surtout des anonymes de retour du Groenland, du bush australien ou de n'importe où dans le monde. Et sur une suggestion de Patrice Pellerin, le réalisateur, nous faisons gagner des voyages aux auditeurs qui nous écoutent.

L'émission marche immédiatement.

Chaque jour, des infirmières du service se faufilent dans la chambre pour assister, discrètement, à l'émission en direct. Dans l'établissement, c'est un événement. Pour moi, c'est une renaissance mais aussi une épreuve. Physiquement je suis cassé. Je souffre beaucoup. Je tiens le coup sans rien montrer, avec ce sourire dans la voix qui me caractérise, ma bonne humeur et mon enthousiasme habituels. En revanche, quand l'émission s'arrête, je suis vidé, je m'écroule de fatigue.

Au début, les auditeurs ignorent que je suis à la clinique, mais très vite je décide d'être honnête avec eux et de ne rien leur cacher. Certains magazines, comme *VSD*, viennent faire un reportage sur moi dans ma chambre et m'attirent de nombreux témoignages de sympathie. C'est bon pour le moral, il faut l'avouer.

« Quand on tient une valeur sûre, on la ménage », déclare Ève Ruggieri.

Quelques semaines plus tard, je sors enfin de la clinique. Et je retourne aussitôt à la Maison de la Radio en fauteuil roulant (on vient de m'enlever les plaques qui tenaient les os de mon bras). Puis, une fois sur des béquilles, je marche le plus possible. J'abandonne la voiture pour le scooter. Je ne prends jamais l'ascenseur. Mon désir le plus fou alors ? Traverser tout le hall d'Orly et accomplir le trajet entre la maison de ma mère et celle de ma grand-mère, à Forgues, sans béquilles !

En septembre 1989, juste un an après mon accident, Pierre Bouteiller et Ivan Levaï me proposent la matinale de France Inter. C'est un grand honneur, une promotion, sans doute le poste d'animateur le plus envié car le plus écouté, au cœur même de l'actualité et d'invités politiques prestigieux. Pourtant je refuse. Ils insistent, consternés. Je maintiens ma position. Ce n'est pas pour moi. Ce n'est pas mon truc. Ce que je voudrais, en revanche, c'est une heure de tête à tête avec une personnalité du monde de la culture, du spectacle, de la littérature, du cinéma, etc. Chez elle. Un rendez-vous intime et profond, riche, sur le mode de la confidence. Une fois par semaine. Une vraie rencontre. En réalité, j'en ai un peu assez de la Maison de la Radio. Je trouve l'ambiance déprimante. Je veux plus de temps libre. Je préférerais une hebdomadaire à une quotidienne. Je suis fatigué.

À l'insu de tout le monde, je continue d'absorber des quantités déraisonnables de morphine.

Pierre Bouteiller n'est pas très favorable à ma contre-proposition. Pendant un temps, il s'y oppose.

Je tente de le convaincre : « L'émission aurait lieu tous les samedis de 12 à 13 heures, en direct, et s'appellerait “Rendez-vous, vous êtes cernés”. Je n'ai besoin que d'un réalisateur et, en l'occurrence, je voudrais que Simone devienne ma réalisatrice. »

Là encore, réticence de Bouteiller. Simone Depoux est mon assistante depuis des années. On ne peut pas la faire passer comme ça, du jour au lendemain, réalisatrice. Ça ne se fait pas.

« Eh bien ça se fera. C'est à prendre ou à laisser. »

Pierre finit par céder. À tout. J'ai gagné. Nous démarrons l'émission aussitôt. Très vite je comprends qu'elle doit être enregistrée. Le direct ne met pas à l'aise mes invités, les tient en permanence sur la défensive, méfiants. Ce n'est pas ce que je veux. Je veux de la sincérité, de la générosité, de la vérité, du respect, de la confiance. Et je souhaite entre autres qu'ils choisissent leur programme musical. C'est de cette façon que l'émission trouvera son rythme et son identité. Avec des célébrités aussi variées que Muriel Robin, Yehudi Menuhin ou Pierre Cardin. J'aime la richesse de ces moments simplement humains qui m'apportent énormément et, je le suppose, donnent également beaucoup aux auditeurs. Je serai ainsi reçu en quelques années par des centaines de grandes personnalités. Des moments uniques, magiques, parfaitement résumés par le professeur Albert Jacquard qui un jour, à la question : « Croyez-vous en Dieu ? » me répond :

« Dieu, c'est vous et moi maintenant. »

Dès la première année, « Rendez-vous, vous êtes cernés » trouve sa place. Toutes les personnes contactées acceptent d'y participer. Simone Depoux réalise de véritables prodiges.

Ce que la plupart des gens ignorent, c'est que dans le même temps je suis régulièrement obligé de repasser sur le billard. Chirurgie ambulatoire. On m'opère le matin, je ressors de la clinique à 14 heures et, malgré l'interdiction des médecins, je grimpe aussitôt sur mon scooter et m'envole le jour même pour le Sud. Le public pense que mon accident n'est plus qu'un mauvais souvenir. Or, j'additionne alors une quinzaine d'opérations sous anesthésie générale ! Avec une douleur au pied lancinante. À laquelle je ne parviens pas à résister sans médicaments.

Je suis de plus en plus fatigué et morphinomane.

Je décide de faire un tour à Canal +. L'émission « Nulle Part ailleurs » est en plein succès. J'aime beaucoup Philippe Gildas et Antoine de Caunes. Ce soir-là, l'émission vient de se terminer. Philippe est encore sur le plateau. Soudain, en coulisses, avec mes béquilles, j'ai peur, j'ai honte de mon handicap. Que suis-je devenu ? Je boite, je marche difficilement. Qui voudrait encore d'un type comme moi à la télévision ?

Mais plus question de reculer ! Je cache mes béquilles et j'avance tout doucement vers Philippe. Dès qu'il me voit il m'accueille avec sa chaleur habituelle :

« Sylvain ! Mais tu es là ! Formidable ! Alors ça y est, tu remarches ? »

Je ne peux pas mentir à Philippe. Je craque et lui avoue tout à l'instant même.

« Enfin ! Tu n'es pas fou ! Que quelqu'un aille tout de suite chercher les béquilles de Sylvain. Bon, alors, qu'as-tu à me proposer ? »

À peine un mois plus tard, je présente une chronique hebdomadaire, intitulée « Les Doux Dingues », dans « Nulle Part ailleurs ». Simone Depoux, que j'ai entraînée dans l'aventure, cherche des gens farfelus aux idées fantaisistes. À l'issue d'un court reportage sur eux, nous les faisons venir sur le plateau où je me trouve avec Philippe.

C'est une chronique délirante, souvent loufoque, mais toujours respectueuse de ceux qui en sont les héros.

En apparence, tout va bien. La vie a repris le dessus. J'anime à la radio une émission qui me plaît et dont je choisis les invités, je travaille à la télévision avec des personnes que j'aime énormément. Je m'amuse. Loin de m'enfoncer, l'accident m'a fait prendre une nouvelle voie, plus proche de moi, plus authentique. Bientôt France 3 vient me chercher pour un programme de reportages sur les gens du Maghreb, « Rencontres » et, en janvier 1990, pour une émission de variétés le dimanche soir à 20 h 50 en alternance avec Caroline Tresca, « Chapiteau 3 ».

J'ai le vent en poupe. J'enchaîne les tournages. Comme je me l'étais promis sur mon lit d'hôpital, je marche de nouveau avec mon pied et je suis revenu dans le métier. Il me reste à accomplir mon troisième vœu, ce que je fais sans tarder : je passe mon brevet d'hélico et l'obtiens du premier coup !

X

Flash-back.

1981. Leslie, c'est le coup de foudre, l'éblouissement, le premier grand amour. Je l'ai dans la peau. Avant elle je n'avais connu que de petites amourettes. Personne n'avait vraiment compté. Je suis subjugué par la beauté de Leslie, son intelligence, son humour. Mais je ne suis pas capable, alors, de m'engager dans une histoire sérieuse, je ne suis pas prêt, tout simplement. Au fond de moi j'ai une peur maladive de ne pas être à la hauteur. Quand Leslie me quitte au bout de sept mois, je suis anéanti. D'un coin du studio, je la regarde quand elle passe à l'antenne, derrière son micro. Oui, je regarde Leslie et je suis malade. Elle voulait que je quitte le 10, avenue Bugeaud, pour que nous habitions ensemble. Elle voulait que nous vivions notre amour pleinement, sans retenue. Je n'ai pas pu. Quelque chose m'en a empêché, qui a été plus fort que moi. Maintenant Leslie me voit à peine. Dans les couloirs de France Inter je suis à nouveau un reporter comme les autres, spécialisé dans les faits divers. Je suis passé à côté de cette grande histoire.

Il me faudra des années pour en comprendre la raison et pour m'en remettre.

Un week-end, pour me changer les idées et noyer mon chagrin dans l'action, je pars faire du deltaplane. Il n'y a pas de hasard. Quand l'esprit s'aveugle, c'est le corps qui parle à sa place : je rate mon atterrissage. Un gros carton : quatre mois d'arrêt de travail. Le message est clair : m'éloigner de Leslie dont la silhouette au quotidien entre les murs de Radio France est devenue pour moi une torture.

Ma convalescence sera physique et amoureuse.

Je passe ces quatre mois à Toulouse. Je lis énormément. Des romans mais aussi des essais. *Les Mots pour le dire* de Marie Cardinal m'apprend l'importance (et la puissance) de la parole. Il est donc possible de tout dire ? Je découvre aussi que la solitude n'est pas nécessairement une punition, une souffrance. Elle peut aussi être positive. Mais c'est seulement des années plus tard, en 2001, que *L'Esprit de solitude* de Jacqueline Kelen confirmera en moi cette certitude.

Un jour, longtemps auparavant, le père d'un de mes copains, Gilles, qui était pilote d'essai, s'est tué dans un petit avion de tourisme. Un accident stupide. Je ne sais plus quel âge j'avais. Je ne suis pas très fort pour les chiffres. Je n'ai aucunement la mémoire des dates, des années. Tout ce dont je me souviens, c'est que j'étais déjà un grand garçon. En tout cas je me revois à ce point bouleversé par la nouvelle que je m'étais écroulé, en larmes, dans les bras de ma mère. Et je pleurais comme une madeleine, intarissable, contre son épaule. Ma mère se tenait droite, comme à son habitude, toujours impeccable, bien coiffée, élégante et douce. Elle m'a laissé me répandre pendant quelques minutes sans un mot, m'apportant comme elle l'a toujours fait sa chaleur et son réconfort. Et quand je me suis un peu calmé, quand mes sanglots sont devenus moins abondants, elle m'a dit : « Sylvain, il faut savoir qu'on ne pleure jamais que sur soi. »

Une façon de laisser la mort aux morts et de ne pas s'apitoyer sur son propre sort. Souffrir, c'est se placer dans le rang des vivants.

C'est ainsi que ma mère m'a élevé. Avec une fermeté sans dureté et une justesse sans rigueur. Elle a très vite perçu, sous mon air désinvolte, mon caractère profondément anxieux. Elle a compris qu'il ne servait à rien de m'attaquer de front. Qu'il fallait me laisser aller à mon rythme. Un rythme qui agaçait terriblement mon père. Moi, le lève-tard qui attendait toujours la dernière minute pour se mettre au travail. Ma mère ne disait rien. Elle me témoignait une confiance absolue et un amour immense. Je ne voulais évidemment perdre ni l'un ni l'autre. Un jour où je dépassais les bornes, elle s'est contentée de me demander, sans même élever la voix : « Vraiment Sylvain, vous n'avez donc aucun amour-propre ? » Cette phrase valait toutes les réprimandes du monde.

Ses mots m'ont piqué au vif et m'ont fait réagir dans la seconde.

Au début de l'hiver 1981, quand je retourne à Paris, à la radio, tout meurtri encore d'amour, et que je me sens envahi par une forme de mini-dépression à cause du manque de lumière, du froid, je tâche de prendre exemple sur ma mère, d'être fidèle à son enseignement. Je ne dois pas m'apitoyer sur mon sort. Je prends le taureau par les cornes. Il y a bien plus malheureux que moi. C'est pourquoi, au milieu du mois de décembre, je demande à Jérôme Bellay de m'envoyer en reportage auprès de gens défavorisés, d'enfants malades. Le triste sort des autres m'apprend à relativiser le mien. C'est à leur contact que je prends conscience de mes privilèges. Je n'ai jamais manqué de rien, la vie m'a plutôt bien servi. Même mon année au Nicaragua, pourtant plongé en pleine guerre civile, je l'ai vécue un peu comme des « grandes vacances ». Je faisais partie des expatriés, des étrangers. Je n'étais pas impliqué dans le conflit. Jusqu'ici mon existence avait été plutôt douce, sans grande contrariété, sans obstacles insurmontables. La rupture avec Leslie est la première grande claque de ma vie.

Elle va me faire renaître, ailleurs, autrement. Mais il faudra du temps, plusieurs années pendant lesquelles je continue de couvrir les faits de société pour France Inter, la nuit, le jour. Jusqu'à l'affaire Grégory, en 1984. J'occupe toutes les fonctions. On me demande même à un moment de présenter les journaux de nuit. Ce que je fais sans grand plaisir.

J'ai déjà compris que ce n'était pas mon truc.

XI

Comme j'en ai assez de l'information, je finis par aller voir Christian Bilmann, responsable du week-end sur France Inter, qui accepte de m'acheter « sur le marché des esclaves », selon sa propre expression pleine d'humour.

« Je pourrais tenir une rubrique gastronomique. L'idée serait d'aller voir un grand chef n'importe où en France, et de lui demander de composer un menu. Et pourquoi pas, y ajouter une rubrique consacrée aux loisirs en général et de parler plongée, spéléo, delta, planeur, etc. »

J'y suis allé au culot. J'ai envie de m'amuser. Je n'en peux plus des crimes et délits. Et le plus beau, c'est que ça marche ! Soudain, je me retrouve libre la semaine, invité dans les plus grands restaurants de France, et embauché pour essayer tous les sports possibles et imaginables. Comme je suis toujours essayeur auto-moto, je passe désormais mon temps dans des voitures de prestige, dans des restaurants et des hôtels de luxe. La belle vie !

Dans le même temps, mes copains et moi organisons des escapades, des croisières !

C'est pendant cette période insouciante, en 1985, que Jean Garetto (créateur de « L'Oreille en coin » puis de FIP), qui produit tous les week-ends de France Inter, est nommé directeur des programmes. Aussitôt, il cherche un animateur pour la tranche quotidienne 14 heures-16 h 30 et se tourne alors vers moi.

« Nous n'avons aucun argent. Aucun moyen. Il faut trouver un truc avec les auditeurs. Tenir deux heures et demie tous les jours du lundi au vendredi. Ça t'intéresse ? Tu aurais un projet ? »

J'accepte sans réfléchir. C'est la chance de ma vie. Devenir animateur. Ça y est ! Passer au cinquième étage. L'idée me vient dans la minute : il faut utiliser la force du partenaire, comme au judo. À savoir, les auditeurs. Autour d'un thème différent par jour, des histoires vraies et drôles. Douaniers, contrôleurs d'impôts, agriculteurs, tous les corps de métier. Je laisserai la parole aux auditeurs. De temps en temps, c'est moi qui raconterai leurs histoires. Avec mon rire communicatif et ma bonne humeur. Et le mercredi, comme me le suggère Sophie, ma sœur, l'émission sera axée sur des mots d'enfants (que nous regrouperons plus tard dans un livre : *Les Babystoires,* édité par Berger-Levrault).

J'ai beau manifester une grande assurance, quelques heures avant la première émission je suis dans un état d'angoisse et de doute indescriptible. J'ai peur de ne pas y arriver.

« Oreillettes et Ventricules » est donc ma toute première émission radio. À la fin de la saison, en juin 1986, Jean Garetto me propose de prendre la tranche d'Ève Ruggieri le matin pendant tout l'été. Ce sera « Interbulles ». Je me retrouve à l'antenne de France Inter tous les jours de 8 h 30 à 12 h 45, la matinée entière. Je raconte des histoires drôles. Je reçois mes premiers invités. Mais je continue de privilégier l'échange avec les auditeurs par téléphone.

J'apprends à sourire en parlant. Mon réalisateur, Patrice Pellerin, me donne des conseils. « Le sourire et le regard passent dans la voix. » Les auditeurs m'adoptent rapidement.

À la rentrée, j'enchaîne avec « Le Premier qui rira », de 10 h 30 à 11 h 30, quotidienne du lundi au vendredi. Le principe est le même, histoires drôles et anecdotes, même si j'accueille de plus en plus d'invités en studio. Mon nom, ma voix, mon état d'esprit commencent à être connus. J'ai l'image positive d'un animateur souriant, respectueux, de bonne humeur.

Pascale Breugnot, qui monte « Sexy Folies » sur France 2, vient alors me chercher. Au sein de cette émission libertine qui dérange la société de l'époque, elle me propose d'animer une rubrique de dix minutes, un colin-maillard érotique où trois couples, les yeux bandés, doivent se reconnaître au toucher.

La télévision ? Jusque-là, elle ne m'a jamais tenté. Je ne suis pas sûr que ce soit pour moi. Ça me semble un peu « faux », « toc », « factice ». La radio m'intéresse bien plus. Mais j'aime trop « essayer » de nouvelles choses pour passer à côté d'une telle offre. C'est une expérience à vivre. Je n'en mourrai pas !

L'émission est enregistrée à La plaine-Saint-Denis. La première fois, ma séquence « Coquin-Maillard » est tournée de minuit à 4 heures du matin ! La nuit même où j'avais organisé une fête gigantesque sur une péniche. C'est ça, la télévision ? L'ambiance ne me plaît pas.

Je fais trois émissions et j'arrête.

Dans le même temps, Canal + démarre. Avec André Rousselet, Pierre Lescure, Philippe Gildas et mon ami d'Inter, Jérôme Bonaldi, comme chroniqueur économique. Il y a aussi Coluche, Michel Denisot, PPDA, Dominique Cantien.

« Viens, me dit Jérôme. On s'amuse bien. »

Je ne me fais pas prier. Je me sens beaucoup plus en accord avec l'ambiance de Canal. Entre Philippe Gildas et moi le courant passe instantanément. J'anime bientôt une rubrique dans son émission « Direct », une sorte de bêtisier qui présente des chutes de publicités et des extraits marrants de films en noir et blanc.

C'est l'éclosion. Je grimpe les échelons. Je décolle. L'été 1987, je prends les rênes sur France Inter de « Dessine-moi une île », ma première émission d'évasion et de voyage. Et j'enchaîne dès septembre avec « Qu'est-ce qui vous fait courir ? », une quotidienne de 20 à 21 heures, juste après la météo marine. L'idée est simple : envoyer deux reporters suivre un invité toute la journée que je reçois le soir en studio. Chefs d'entreprise, hommes politiques, stars. À quoi tenez-vous ? Pourquoi vous levez-vous le matin ?

« Pour tenter de redonner du sens à la vie des victimes de l'extrême exclusion. Mendiants, clochards, miséreux. Nous sommes tous des princes », me répond Xavier Emmanuelli, fondateur avec Bernard Kouchner de Médecins sans frontières, du Samu et du Samu social, qui aurait voulu être prêtre et que son père a obligé à devenir, comme lui, médecin.

Ou bien, entre autres nombreux exemples, Axel Kahn, ce grand scientifique, chercheur, qui se bat contre les maladies génétiques, et qui a cette phrase inoubliable : « Pour faire que chaque enfant qui naît soit un auteur de génie qui vient de commencer à écrire son œuvre. »

Georges Pernoud, producteur et animateur de France 3, que je ne connais pas, vient alors me proposer trois heures de direct, le dimanche après-midi. Le programme est financé par les sponsors. Il s'agit d'assister à des événements sportifs, partout en France. Quant à moi, je sers de relais, de pivot.

Je dis oui. À tout. J'ai une boulimie d'activité. Je veux que ça déborde, que ça occupe toute la place, toutes mes pensées. Plus de Leslie, plus de dépression paternelle, plus d'angoisse.

Quand Dominique Cantien quitte Canal + pour TF1 tout juste privatisée, avec Christophe Dechavanne et Nicolas Hulot dans ses bagages, elle me présente à Guy Lux. Et Guy Lux m'offre

« La Une est à vous ». Tous les samedis, en direct, pendant quatre heures, sur la première chaîne de France. Je gagne très bien ma vie. On m'offre des contrats de publicité. Dans la rue je ne cesse de signer des autographes. Tout devient facile.

J'évite de me poser des questions.

Je faisais partie des nantis. J'en avais conscience. Je jouissais de tous les cadeaux que m'offrait la vie sans ostentation, sans culpabilité non plus. La misère en Amérique centrale m'avait frappé en plein cœur quelques années plus tôt lorsque j'avais traversé le Honduras. J'avais réalisé dans quelles conditions vivaient certains êtres humains. Le choc avait été violent. Ce jour-là je m'étais dit : « Je vais agir. Je serai prêtre ou journaliste. »

J'étais devenu journaliste. À ma façon. Mon plaisir, mon divertissement passaient finalement avant tout le reste, avant les autres. Je n'avais plus grand-chose en commun avec les reporters de guerre que j'avais vus à Managua. Des hommes courageux, prêts à risquer leur vie pour montrer au monde entier la réalité d'une situation, la violence d'une scène, pour dénoncer des abus. J'étais loin de mon idéal, je le savais, et j'en souffrais.

Et, lentement, le Nicaragua resurgissait à ma mémoire, venait cogner à ma conscience et bousculait mes certitudes.

XII

Quelques années plus tôt…

Le 11 janvier 1978. Paris. Houston. Mexico. Managua.

19 heures, la nuit est tombée.

À peine sur le tarmac, je comprends que tout est différent. Ici, tous mes repères vacillent. J'arrive dans cette partie de la planète qu'on appelle alors le « tiers-monde ». C'est la première fois. Et à la pauvreté s'ajoute en ce début d'année 1978 au Nicaragua une grande instabilité politique. Partout, des gardes armés jusqu'aux dents, la Guardia, nous empêchent de sortir. Pendant quatre heures, je reste avec les autres passagers enfermé dans l'aéroport sans comprendre ce qui se passe. Est-ce toujours ainsi ou s'agit-il, pour des raisons que nous ignorons, de circonstances exceptionnelles ? Où suis-je tombé ? Finalement, j'aurais peut-être dû choisir l'incorporation ! Il y a quelques semaines encore, je l'avoue, je ne savais même pas où se trouvait le Nicaragua. Quand j'ai obtenu mon poste de VSNA (volontaire au service national actif), et qu'on m'a proposé Managua, la première chose que j'ai faite, c'est d'aller consulter un *Quid* !

J'avais pris des renseignements auprès de plusieurs amis, et j'avais compris que la chance d'être nommé quelque part tenait du miracle. En fait tout passait par une dame d'une annexe du Quai d'Orsay. J'avais alors tenté d'obtenir un rendez-vous.

En vain.

J'ai donc décidé de forcer le destin et d'aller la voir, coûte que coûte. Au loin, avant même d'arriver au ministère, j'ai aperçu les vigiles. Il fallait montrer patte blanche. J'avais acheté *Le Monde* et, avec un aplomb qui me surprend encore quand j'y repense, j'ai affirmé aux portiers que la dame en question avait demandé à me rencontrer. Ils m'ont laissé passer. Ensuite, j'ai attendu devant son bureau, assis sur un banc, dans un couloir, pendant des heures. Je crois que c'est la seule fois de ma vie où j'ai lu *Le Monde* intégralement, de la Une à la dernière page, article après article, sans sauter une seule ligne ! Quand la dame est sortie, je me suis présenté à elle et lui ai emboîté le pas. Je savais que j'aurais peu de temps pour la séduire, pour m'en faire une alliée : *grosso modo* de la porte de son bureau jusqu'à sa station de métro, à quelques centaines de mètres de là.

Deux mois plus tard, elle me faisait trois propositions : l'Iran, le Salvador ou le Nicaragua. L'Amérique centrale me tentait davantage que l'Asie occidentale. Plusieurs personnes me déconseillèrent le Salvador, apparemment trop violent. En dépit de la dictature de Somoza, le Nicaragua, avec ses paysages grandioses et ses volcans, s'imposait comme une évidence.

« Vous parlez espagnol, bien sûr ? m'a demandé la dame.

— Couramment. »

En réalité, pas un mot !

Peu à peu, dans l'aéroport, des bribes d'informations commencent à circuler : Pedro Joaquín Chamorro, le directeur du principal journal d'opposition à la dictature en place, *La Prensa,* a été assassiné la veille. Je me trouvais alors dans l'avion et traversais l'Atlantique. Des tueurs à gages, à la solde de Somoza, l'ont intercepté tandis qu'il se rendait à son bureau et l'ont criblé de balles. Le conflit qui oppose les partisans de Somoza aux sandinistes vient de s'aggraver violemment. Il y a des barricades à tous les coins de rue, des soulèvements. Le pays est en état de choc. Les gens n'arrivent pas à y croire. L'atmosphère est extrêmement tendue.

Voilà dans quel contexte je débarque à Managua, une ville rasée par un tremblement de terre et qui n'est plus qu'un immense terrain vague.

« Tendu. Brûlant », me confirme la personne de l'ambassade venue me chercher, quand on me laisse enfin sortir de l'aéroport.

Les jours suivants précisent cette première impression. Le meurtre de Chamorro semble avoir mis le feu aux poudres. Les Nicaraguayens descendent dans la rue et détruisent les symboles de la dictature à coups de pierre. Les manifestations s'amplifient, au point que la Guardia ne peut agir et doit se replier.

Étudiants, ouvriers, le 22 janvier, la grève est générale, Managua paralysée.

Dans ces circonstances, inutile de dire que le service culturel de l'ambassade de France auquel je suis affecté est une sorte de vitrine vide. Ma seule mission consiste à faire acte de présence. Toutes les activités sont bloquées, tous les projets suspendus pour une durée indéfinie. Les dossiers de bourses, dont je dois en principe m'occuper, sont gelés. Il n'y a littéralement rien à faire ! Les trois premiers mois sont particulièrement difficiles. Je ne parle pas l'espagnol. J'ai conscience de me trouver au cœur même d'un conflit qui m'échappe. Il fait nuit à 18 heures. Je me sens inutile et isolé. Ma seule compagnie, c'est cette guitare folk que j'ai achetée deux jours avant mon départ, à Toulouse, pris d'une impulsion, et dont je ne sais pas du tout jouer.

« J'apprendrai. Ça m'occupera. »

Mais les premiers temps, mes bonnes résolutions s'émiettent rapidement. Je m'ennuie. C'est la première fois que je suis si seul, si longtemps, si loin de ma famille. J'évite d'y penser. De mauvais gré, je porte la cravate obligatoire à l'ambassade. Pour contrebalancer, je me laisse pousser les cheveux. Ce n'est pas interdit, alors je ne vais pas me gêner. J'ai décidé de tenir bon, en dépit du contexte et de l'hostilité que me manifeste l'attaché culturel.

J'ai sympathisé avec les jeunes Nicaraguayens qui s'occupent des archives. Ce sont eux qui m'apprennent l'espagnol. Je me suis mis aussi à la guitare intensivement. Je travaille mes accords.

La situation du pays est chaque jour plus explosive. Au fil des semaines, j'y vois un peu plus clair. La guerre civile entre sandinistes et somozistes s'étend. En apparence, les gens continuent de vivre normalement. Parfois, pendant une, voire deux semaines, il ne se passe rien. Peut-être est-ce moi qui ne vois rien ? Qui ne veux rien voir ? Qui vis dans la bulle protégée des expatriés, des « MI » (Mission internationale), contraints à la neutralité, et peut-être à la cécité ? De l'étranger, je le sais, on présente les événements du Nicaragua de façon très différente. À Toulouse, les miens s'inquiètent beaucoup. Mais, ici, de l'intérieur, je ne me sens pas véritablement en danger.

Je fais confiance à la vie. Indéfectiblement. Je suis certain qu'elle me réserve des surprises de tous ordres.

XIII

Je suis à Managua depuis trois ou quatre mois quand l'ambassadeur me convoque dans son bureau.

« Vous connaissez Gérard de Villiers ? L'écrivain… SAS, vous savez ? Il a choisi le Nicaragua pour décor de son prochain livre. Et comme il tient toujours à venir sur le terrain, il va séjourner ici un mois et demi pour prendre des notes. De Villiers veut tout voir, aller partout. Vous lui servirez d'accompagnateur, de guide, de chauffeur et accessoirement d'interprète. Prudence et diplomatie, n'est-ce pas ? Ne sortez pas des sentiers battus. Je ne veux pas d'ennuis avec la Guardia… »

Si je m'attendais à me retrouver dans les coulisses d'un SAS ! Je ne suis pas certain que Gérard de Villiers incarne le rayonnement culturel de la France à l'étranger, mais au moins il va me donner de l'occupation ! Enfin ! Ce n'est pas trop tôt. L'homme n'est pas ce qu'on appelle franchement amical, mais son arrivée à Managua a le mérite de me sortir de ma torpeur, de donner un coup d'aiguillon à mon quotidien insipide. Surtout, il me permet de découvrir peu à peu ce pays qu'en réalité je ne vois pas.

Gérard de Villiers s'installe à l'hôtel Inter-Continental, le seul hôtel un peu « haut de gamme » de Managua alors, où descendent tous les étrangers en visite au Nicaragua. À ses côtés, je pénètre un pays nouveau, des milieux jusque-là fermés. Nous sillonnons le territoire du nord au sud, Matagalpa, Masaya, San Juan del Sur. De Villiers n'a peur de rien. Il consigne tout, esquisse le portrait de chaque personne que nous rencontrons dans ses carnets et bâtit ainsi la trame du prochain SAS. Tout lui sert. Le moindre détail. Sa méthode de travail m'impressionne, je dois bien l'avouer. Je le vois se documenter sur la situation présente, s'intéresser aussi bien aux rebelles sandinistes qu'au fonctionnement de la Guardia de Somoza.

Pendant un mois et demi, je ne le lâche pas d'une semelle. Au volant de la voiture de l'ambassade, l'autoradio toujours branché, je le conduis du matin au soir là où il le souhaite. J'ai apporté de France l'appareil photo que ma mère m'a offert quand j'avais dix-sept ans. La photographie me passionne. Les portraits en particulier. Mais ici, au Nicaragua, je n'ai pas encore sorti une seule fois mon objectif. Pour photographier quoi ? L'ambassade de France ? Mes déplacements avec Gérard de Villiers me donnent l'impulsion nécessaire. Ci et là je me mets à shooter des paysages, des personnes. Lui prend des notes ; moi des photos. Nous parlons peu. Nos rapports sont cordiaux, sans plus. L'homme est impénétrable. Je ne sais pas ce qu'il pense de moi. Quand, au terme de ces six semaines d'enquête, il quitte le pays, il ne se plaint pas de moi à l'ambassadeur. C'est déjà ça. Ma compagnie ne lui a pas déplu.

Quelques mois plus tard paraît le nouveau SAS : *Croisade à Managua*. Quelle n'est pas ma stupeur (amusée) de m'y reconnaître sous les traits d'un jeune sandiniste prénommé Sebastian, numéro 37 au sein du mouvement révolutionnaire ! « *Ses cheveux très longs encadraient un visage de pâtre grec, d'une beauté presque féminine. Une cassette de musique pop jouait à tue-tête, et la climatisation, à fond, entretenait un climat sibérien.* » Le numéro 37 sert de chauffeur au héros, l'agent de la CIA Malko Linge. Mais, au bout de quelques pages, les deux hommes tombent dans un guet-apens tendu par la Guardia. Leur véhicule se retrouve sous le feu d'une mitrailleuse. « *Le numéro 37 gisait sur le dos, du sang plein le visage. Une balle de 50 l'avait frappé à la tempe, arrachant l'œil gauche sur son passage. Le choc avait été si violent que les os de la pommette avaient remonté, donnant à ses traits un curieux air asymétrique et étonné. Il avait été tué sur le coup.* » Gérard de Villiers en avait fini avec moi ! Je ne lui servais plus à rien. Il se débarrassait de Sebastian grâce à une rafale bien sentie.

J'ai bien ri en lisant ce passage. « Vie et mort de Sebastian/Sylvain. » On n'a pas souvent la chance d'assister – sain et sauf – à la scène de sa propre exécution. On n'est pas tous les jours un personnage de roman !

Je ne sais pas si, malgré lui, Gérard de Villiers m'a porté chance, s'il a constitué une transition involontaire et bienvenue vers une nouvelle étape de mon séjour au Nicaragua. En tout cas, c'est au moment où il part qu'arrivent d'autres coopérants français. Enfin ! Ça y est ! Je ne suis plus seul. Aussitôt, ils deviennent mes plus proches amis. Et je peux recréer autour de moi la petite « bande » qui m'est chère et nécessaire pour surmonter mon angoisse de la vie.

Très vite nous louons tous ensemble une grande et belle maison en rondins sur la Carretera Sur, à douze kilomètres de l'ambassade, au sud de Managua, sur les hauteurs, dans la fraîcheur des arbres.

C'est à partir de là que « le Nicaragua » commence véritablement pour moi. Mon quotidien change radicalement. Avec les autres nous voyageons beaucoup, partons faire des virées à travers le pays et dans toute l'Amérique centrale. Au fil des jours, la réalité de l'Amérique centrale, et de la situation nicaraguayenne en particulier, m'apparaît sous son vrai visage. Au Honduras et au Salvador, je découvre la misère des bidonvilles. Au Guatemala, la civilisation des Indiens. Au Costa Rica je profite des plages, des forêts. Au Panama, pays détaxé, j'achète des chaînes hi-fi et du matériel photo que je parviens à faire passer au Nicaragua en glissant négligemment un billet dans mon passeport à l'intention des douaniers.

Le désarroi règne dans le pays. Craignant pour leur sécurité, les étrangers expatriés, les Américains en tête, partent les uns après les autres, comme s'ils avaient le diable aux trousses, bradant pour moins que rien les biens qu'ils ne peuvent emporter avec eux. C'est de cette façon que j'achète à un diplomate nord-américain sur le départ, pour mille dollars (une bouchée de pain !), ma première voiture, sur la piste de l'aéroport de Managua, au moment où son propriétaire, qui n'a plus vraiment le choix, s'apprête à embarquer dans l'avion. Une Ford Lincoln Continental, V8, blanche, magnifique !

Pour nous, c'est la belle vie. Plage tous les week-ends. Rhum Coca-Cola, jolies filles et ganja. À l'ambassade il ne se passe toujours rien, mais qu'importe ? Je retrouve mes amis le soir. Nous organisons des fêtes. Nous avons la cote auprès des Nicaraguayennes. Je progresse à la guitare. Je sais bien que la situation est chaque jour plus tendue. Je vois ce qui se passe. Je suis assimilé aux diplomates. Je ne suis là qu'en observateur, pas pour prendre parti. Je soupçonne les jeunes Nicaraguayens employés aux archives de l'ambassade d'être des espions sandinistes. Et alors ? Ils me sont sympathiques. Dans le même temps, mon statut d'attaché d'ambassade m'oblige à fréquenter des représentants de l'autorité en place. Ainsi, un jour, je me retrouve à déjeuner avec le chef de la Guardia. Le genre de bonhomme qui torture aussi facilement qu'il fume son gros cigare, sûr de lui, obscène, sans scrupules. Malaise. Sentiment de honte et de culpabilité. Jamais un déjeuner ne me paraît aussi long. Et, comble de l'horreur, nous sommes soudain rejoints par un des fils de Somoza qui commande sous mes yeux épouvantés une bouteille de whisky et des couilles de taureau crues !

Il y avait cette réalité-là. Un pays tenu d'une main de fer, la Guardia armée jusqu'aux dents à tous les coins de rue ou au volant de Jeep Becat (« brigades antiterroristes ») avec des M16 américains et une mitrailleuse sur un siège tournant à l'arrière. Les soldats sur leurs gardes, le doigt sur la détente, et leurs cartouchières en bandoulière. La répression est féroce, la rébellion sourde. Des gens d'une grande pauvreté sont prêts à risquer leur vie pour changer cet ordre injuste.

Mais il y avait aussi le soleil permanent. L'océan. Les lagunes. Les volcans. La beauté indécente d'un pays où la vie ne tenait qu'à un fil.

XIV

Le 22 août 1978, un commando sandiniste entre dans le Palais national lors d'une session du congrès de la République et prend en otage tous les députés. Les rebelles exigent de Somoza la libération de centaines de prisonniers politiques incarcérés depuis décembre 1974. Quand j'apprends cela, mon sang ne fait qu'un tour : j'attrape mon appareil photo, plusieurs bobines de film, et je me précipite. Sur place, je mitraille tout. Absorbé, ailleurs, le commando des sandinistes me laisse faire. Je suis le seul « photographe » présent. Un simple petit Français de l'ambassade. Un amateur.

Je ne dérange personne.

Les professionnels arrivent le lendemain. Photographes de guerre et équipes TV américains qui ont affrété des jets privés. Des journalistes du monde entier envahissent l'hôtel InterContinental de Managua. Ils me fascinent, je les suis et me lie aussitôt avec un reporter américain, Donald, à qui je montre mes dix bobines de film. Il est sidéré. Mes photos sont les seules de la prise d'otages. De la négociation.

De la libération des députés. On y voit le visage des membres du commando, de leur chef, tous ces jeunes gens affrontant seuls la dictature. Donald me demande l'autorisation de les utiliser. Grâce à lui, elles sont publiées dès le jour suivant sous mon nom, dans *Life, Time* et de nombreux autres journaux américains.

L'assaut du Palais national provoque des soulèvements insurrectionnels dans plusieurs villes du pays. Au moyen de cocktails Molotov et de bombes artisanales, des civils osent affronter la Guardia généreusement approvisionnée par des armes neuves nord-américaines, des tanks et même des avions ! Bien souvent ce sont de très jeunes garçons ou des jeunes filles, le visage recouvert d'un bandana. La répression est impitoyable, sanglante. Somoza n'hésite pas à recourir au napalm !

Le processus révolutionnaire est bien enclenché. Il s'accélère d'un coup. Violence et danger sont désormais partout. Tout cela sous le regard des reporters internationaux qui ont investi l'hôtel InterContinental et tâchent de faire leur métier tant bien que mal. Je passe tout mon temps avec eux, béat d'admiration. La révélation que j'ai eue à l'âge de dix-sept ans en écoutant la radio se confirme ici sans hésitation. Elle devient même dévorante : je serai journaliste ! Peut-être photoreporter ?

Chaque matin, en gros plan, des morts nicaraguayens font la Une des journaux. À l'aube d'un jour de septembre 1978, alors que nous sommes, mes colocataires coopérants et moi, tous les quatre sur la terrasse en train de prendre notre petit déjeuner, une rafale d'arme automatique, tout près, nous arrache brusquement à la contemplation béate du paysage matinal. Nous sommes surpris. Les affrontements n'étaient encore jamais montés jusqu'ici.

« Qu'est-ce que c'est que ça ?, dit Patrick. Pourquoi viennent-ils tirer par ici ? »

« Ils doivent poursuivre quelqu'un », suppose Olivier.

« Ici ? Mais il n'y a personne à part nous ! »

Notre maison est à l'écart de la route. Dans les bois. Relativement isolée.

À cet instant nous entendons des cris, des bruits de pas effrénés ! Au même moment, deux jeunes gens surgissent dans l'allée qui conduit à notre maison en courant vers nous. Une deuxième rafale d'arme automatique retentit violemment, déchirante, hurlante, monstrueuse. Je ne l'ai jamais oubliée. Des années plus tard j'entends encore ses secousses mortifères déferler dans mes oreilles. Un des garçons s'écroule, fauché en pleine course, à vingt mètres de notre terrasse. Aussitôt, l'autre, que miraculeusement les balles n'ont pas atteint, bifurque sur la droite et s'enfuit dans la forêt. Les gardes qui se lancent derrière lui avec leurs armes à la hanche, comme s'ils chassaient du gros gibier, n'ont même pas un regard pour le corps inerte au sol. En quelques secondes ils ont disparu, sur les traces du survivant. Bientôt c'est le silence de la nature, à nouveau.

L'affreux silence de la mort.

Sur la terrasse, nous sommes pétrifiés d'horreur. La scène a eu lieu sous nos yeux. Tout s'est passé en deux ou trois minutes tout au plus, sans que nous ayons eu le temps de réagir. Qu'aurions-nous pu faire de toute façon ? N'étions-nous pas condamnés à assister à cette tuerie, impuissants, désarmés, immobiles ?

« Allons voir ! », je crie soudain. Et ma voix nous donne à tous un coup de fouet.

Nous nous précipitons au rez-de-chaussée et sortons en trombe dans l'allée.

Il est trop tard. Le jeune garçon, abattu de plusieurs balles dans le dos, est tombé en arrière, les yeux grands ouverts. Il a les traits des paysans nicaraguayens. Il doit avoir dix-huit ans. Même pas.

« Il venait se réfugier chez nous », je murmure.

Je sens les larmes qui me montent aux yeux. C'est le premier mort de ma vie. J'ignore son nom. J'ignore tout de son existence, des raisons de son combat. Mais il est là. Il courait jusqu'à nous et on l'a tué comme un lapin à quelques mètres de notre porte.

« Il faut le transporter à l'ambassade. Ils sauront quoi faire. Ils retrouveront son identité. Sa famille. »

Sa famille. Je pense à la mère de ce jeune garçon. Les hurlements qu'elle poussera quand on lui ramènera le cadavre de son fils.

Je me penche sur son visage et lui ferme les yeux.

Quelqu'un va chercher une couverture. Nous y enveloppons notre petit mort et le mettons dans le coffre de ma voiture. Pendant les douze kilomètres de trajet, personne ne prononce un seul mot. C'est un cortège funèbre. Chacun est absorbé dans ses pensées. La gravité, soudain, nous a rattrapés, elle est venue déranger notre insouciance, notre « neutralité » diplomatique. Fin des vacances. À partir de maintenant, il ne nous sera plus possible d'oublier le regard à jamais figé de ce gamin dont le corps mort heurte à chaque cahot les parois du coffre.

À partir de maintenant, ce coffre, qui sert pour l'heure de corbillard de fortune, abritera d'autres jeunes gens. Vivants. Le coffre de ma Ford Lincoln Continental, immatriculée MI française, aidera de jeunes sandinistes à passer les barrages de la Guardia. Je m'en fais le serment, là, ce jour, sur la Carretera Sud, les yeux pleins de larmes, au volant.

Dans le combat de David contre Goliath, je viens de choisir mon camp.

XV

Grâce aux reportages des journalistes de guerre et aux photographies publiées dans le monde entier, la plupart des pays démocratiques rejettent unanimement le régime de Somoza. Et les pressions augmentent sur le gouvernement de Jimmy Carter pour qu'il cesse de soutenir le régime. Pourtant, au cours des mois suivants, sur place, rien ne change vraiment. C'est toujours ce mélange troublant de « vie normale » et de guerre civile qui ne dit pas son nom.

À l'ambassade, les activités tentent de reprendre tout doucement. Et l'attaché culturel me confie une nouvelle mission :

« Nous ne devons pas laisser les événements nous paralyser, nous censurer. Rien ni personne n'étouffera la voix de la France. Nous avons une fonction ici : promouvoir la culture française. Augier, vous êtes chargé d'organiser un festival du film français. Le plus vite possible. Ça vous occupera. »

L'attaché culturel réprouve la façon dont je vis avec mes copains colocataires. Le sourire que j'arbore constamment le met hors de lui. Il voudrait parvenir à l'effacer. Je le soupçonne de me détester. Au regard de l'ambiance générale, son projet de festival du cinéma est un cadeau empoisonné, j'en suis bien conscient. L'attaché culturel fait tout ce qu'il peut pour me compliquer l'existence. Mais sa marge de manœuvre est assez restreinte. D'où l'idée saugrenue de ce festival. Avec la Guardia qui patrouille dans la ville, à chaque coin de rue.

Comme si les gens avaient la tête à ça.

Comme j'en ai l'habitude, je m'efforce de retourner la situation à mon avantage. Un mal pour un bien. Il veut un festival ? Il veut qu'on parle de la diplomatie française à Managua ? Parfait. Aucun problème. Il ne va pas être déçu du voyage. Aussitôt, je contacte une annexe du Quai d'Orsay à Paris à qui je communique une liste avec les titres des films dont j'aimerais qu'on me fasse parvenir les bobines. En attendant leur arrivée (par avion, après avoir franchi plusieurs barrages bureaucratiques), et comme il est hors de question de me laisser oisif, je me vois bientôt confier une mission parallèle :

« Haroun Tazieff et toute son équipe seront là dans quelques jours. Ils viennent observer le lac de lave apparu récemment dans le volcan de Masaya. Ils vont rester plusieurs semaines. Comme vous aimez bien vous promener, vous irez avec eux. »

S'il comptait m'ennuyer, c'est raté. La perspective d'accompagner le célèbre volcanologue me ravit. Je prends ma tâche très à cœur. Tant et si bien que le jour même de leur arrivée, je propose à Tazieff et à ses hommes, qui acceptent bien volontiers, de loger chez moi. La maison est grande, il y a de la place et, de toute façon, aucun hôtel n'est disponible. Mes copains sont enchantés. C'est un honneur pour nous.

« Un lac de lave est un phénomène très rare, imprévisible, d'une beauté inouïe, émouvante. Il peut disparaître à tout moment, brusquement, aussi rapidement qu'il a surgi, m'explique le grand baroudeur. Comme il peut aussi, à l'inverse, monter soudain, de plusieurs mètres. Il est impossible de le prévoir. Aucun signe ne l'annonce. C'est du poker. Tu comprends ce que ça veut dire, n'est-ce pas ? Le danger que ça représente pour nous. Aller voir le lac de près, c'est prendre le risque non négligeable de finir comme les Pompéiens. »

Bien entendu, quand « Garouk » (le surnom d'Haroun Tazieff) me demande si je veux venir avec eux dans le cratère, je n'hésite pas une seconde :

« Absolument. »

Le lendemain, au bord du volcan de Masaya, j'enfile comme les autres une combinaison ignifugée. Nous descendons en rappel. Pour un débutant, je ne me débrouille pas trop mal. Car évidemment c'est pour moi une première. J'ai bluffé, comme je le fais toujours. J'ai prétendu que j'avais déjà pratiqué la varappe en montagne.

Au fond du cratère, le lac de lave apparaît sous nos yeux, à une centaine de mètres. Pas question de s'approcher davantage. La température de la lave est de 1 500 degrés ! À travers son masque, je perçois l'émotion de Garouk. Le moment est inoubliable, privilégié. Je n'ai plus conscience des heures, du cycle du jour et de la nuit. Je suis à l'intérieur d'un cratère, sur du basalte, à cent mètres d'un lac de lave qui peut nous vaporiser, désintégrer, à tout instant. Avec le plus grand volcanologue de tous les temps. Je me souviens qu'une nuit nous nous sommes assis tous les deux et que je l'ai écouté pendant des heures me parler de sa vie, de la nature, avec un tel appétit, une telle énergie ! J'ai été bouleversé par cette rencontre. Le temps était suspendu. Plus rien ne comptait hormis ce spectacle fantastique et la passion absolue de cet homme unique. Ni lui ni moi ne pouvions imaginer que nous nous retrouverions, bien des années plus tard, chez lui, dans la Drôme, moi derrière un micro et lui mon invité de marque !

Quand nous remontons à la surface, nous avons passé à l'intérieur du cratère quatre jours et quatre nuits ! J'apprends que l'ambassade m'a cherché partout.

« Vous m'avez demandé de les accompagner partout. J'ai obéi à la lettre. »

L'attaché culturel est fou de rage !

Les films que j'ai commandés à Paris mettent du temps à arriver. La vie reprend son cours apparent. Comme je me l'étais promis, je fais passer à plusieurs reprises de jeunes sandinistes terrifiés, mais vivants, dans le coffre de ma Ford. Ma plaque d'immatriculation internationale me permet de franchir les barrages de la Guardia. Je les conduis jusqu'à l'ambassade de France. Là, ils sont en sécurité. Cependant l'ambassadeur n'apprécie guère ma petite contribution à la cause sandiniste.

« Vous n'êtes pas ici pour faire la révolution. Je vous demande d'interrompre immédiatement ce manège. »

Mais, à l'inverse de l'attaché culturel, lui m'aime bien. Mes bonnes manières me sauvent de tout. Tant mieux !

Seul un des films que j'avais demandés à l'annexe du Quai d'Orsay est arrivé. Mais c'est celui que j'avais mis en priorité en haut de ma liste. Je serre les bobines dans mes bras. Je suis très heureux. À défaut de festival, je ferai au moins une projection. Une projection mémorable. Pas question de diffuser le film dans une petite salle obscure, de manière confidentielle, pour quelques privilégiés. J'ai eu le temps de songer à mon affaire. L'Alliance française dispose d'un grand mur blanc extérieur, dans la rue. Ce qui permettra d'accueillir un nombre considérable de spectateurs. Il ne sera pas trop difficile, je pense, d'obtenir les autorisations nécessaires pour bloquer la circulation. Somoza sera trop content qu'on distraie son peuple. Comme je m'occupe de tout, personne, à l'ambassade, ne fait attention à ma programmation.

Et c'est ainsi qu'un soir, au cœur de Managua, en pleine rue et avec la bénédiction de tout le monde, je projette *Z* de Costa Gavras.

C'était prévisible. Les gens commencent à se rassembler. De plus en plus nombreux. Bien au-delà de ce que j'avais estimé. Et surtout, très vite, devant les images du film, ils se mettent à entonner des slogans et des chants sandinistes. *Libertad o morir*. Attirant par conséquent toujours plus de monde. En un clin d'œil la nouvelle fait le tour de la ville. Les Nicaraguayens surgissent de partout et s'unissent aux autres. Bientôt la rue de l'Alliance française n'est plus qu'une immense manifestation anti-Somoza incarnée à l'écran par la silhouette d'Yves Montand ! C'est un moment d'une grande force, bouleversant. Je suis très fier de moi.

Mais la Guardia finit par arriver. La projection tourne court. Les gardes tirent en l'air et, aboyant menaces et insultes, dispersent la foule.

Le lendemain, je suis convoqué par l'ambassadeur.

XVI

Cette fois, le rappel à l'ordre est beaucoup plus sévère. Dernière sommation. Sous peine de lourdes sanctions, on me prie de cesser immédiatement mes « puérilités ». On n'a que faire de mes sentiments politiques. Par ma faute, l'ambassade de France est désormais dans le collimateur des somozistes qui croient dur comme fer à un coup d'éclat intentionnel. L'ambassadeur en personne se demande même dans quelle mesure mon acte était prémédité ou totalement inconscient.

Peu importe. La plaisanterie est finie. À partir de maintenant, on ne me passera plus rien. J'ai intérêt à être extrêmement prudent. Sans quoi c'est le rapatriement dans un camp militaire en Allemagne. Perspective glaçante, même pour quelqu'un comme moi qui trouve du bon à tout !

J'ai acquiescé. J'ai baissé la tête en signe d'excuse. Et j'ai continué à faire passer de temps à autre dans mon coffre des sandinistes que je conduisais désormais à l'ambassade de Suède.

Jusqu'au jour où la Guardia m'a arrêté.

Ce jour-là, le soleil est presque couché et je rentre seul chez moi, au volant de ma voiture, quand, à un barrage situé à un kilomètre environ de la maison, la Guardia me fait signe de me ranger sur le bas-côté de la route. D'habitude les gardes me laissent passer. Ils me connaissent. Ils savent que j'habite un peu plus loin. Ma Ford Lincoln blanche, avec ma plaque MI rouge, est parfaitement identifiable. Mais cette fois il y a quelque chose de différent. Les gardes me font descendre avec brutalité, agités, agressifs. Ils m'ordonnent d'ouvrir mon coffre. Et comme je fais mine de ne pas bien comprendre, comme je n'obéis pas assez vite à leur goût, ils s'énervent, deviennent incontrôlables, inquiétants. Tous ont le doigt sur la gâchette de leurs M16. L'un d'eux me saisit le bras et m'insulte. Un autre me pousse. Un troisième pointe brusquement son arme en direction de mon coffre et, avant que quiconque ait pu réagir, envoie une rafale de balles assourdissante sur la serrure.

Mon coffre s'ouvre instantanément, comme une boîte automatique au ressort brisé. Par chance, ce jour-là, il est vide. Nulle trace suspecte d'éventuels clandestins, aucun objet compromettant oublié par mégarde. Mes papiers sont en règle.

L'œil mauvais, les gardes me font signe de repartir. J'en serai quitte pour faire refaire mon coffre. Pas de problème, j'ai un copain soudeur. Je me surprends à rire. C'est probablement nerveux. Je m'aperçois que je tremble un peu. J'ai eu beaucoup de chance. Mais c'est un premier avertissement. Et je doute fort qu'il y en ait un deuxième. Les gardes m'ont désormais à l'œil. C'est évident. Ils ne m'auraient pas demandé d'ouvrir le coffre avec tant d'impatience. S'il y avait eu un gars là-dedans, ils l'auraient descendu comme un lapin.

Quant à moi…

J'ai compris. Il faut tout arrêter. C'est devenu trop dangereux. Pas tant pour moi que pour les passagers de mon coffre.

Avec le départ de l'attaché culturel, l'année 1979 commence de la meilleure des façons. Je vais enfin pouvoir me laisser vraiment pousser les cheveux et tomber la cravate ! Depuis la projection de *Z* et l'affaire du coffre de ma voiture, à l'ambassade, on ne me demande plus rien. Pour mes derniers mois de coopération, on tâche de me rendre invisible. J'ai été à nouveau relégué aux archives avec de jeunes Nicaraguayens qu'on soupçonne un jour d'être des informateurs pour un bord, et le lendemain pour un autre. Tout le monde est paranoïaque. Quant à moi, je dois encore quatre mois à l'État français et j'ai bien l'intention d'en profiter.

C'est pourquoi, quand un coopérant de ma connaissance me propose d'aller plonger dans la lagune d'un volcan éteint, à une trentaine de kilomètres de Managua, j'accepte avec enthousiasme.

« Tu as déjà plongé ? Tu as des notions ?

— Oui, bien sûr. Très souvent.

— Parce que là, ce n'est pas la mer des Caraïbes, c'est le noir total. On plonge en aveugle. Il faut déjà être aguerri et connaître les gestes. Mais c'est une sensation unique.

— Pas de problème.

Je n'ai jamais plongé de ma vie. Tout ce qui s'essaie, s'essaie, non ? Et j'adore les premières fois.

C'est seulement quand nous commençons à descendre que je suis pris d'un doute. L'espace d'un instant affleure à mon esprit l'idée que je suis peut-être en train de faire une grosse bêtise. Nous avons garé la voiture près du cratère. Nous avons enfilé nos combinaisons et fixé nos bouteilles. Et nous avons amorcé notre descente en nous tenant par la main. Nous sommes seuls, en pleine nature, loin de Managua. S'il se passe quelque chose... Pour une première plongée, le cadre, c'est vrai, ne se prête pas à la sérénité. On croirait s'enfoncer dans un trou noir. Cette entière obscurité est effrayante. Je ne vois même pas mon compagnon. Je sens juste sa main dans la mienne. Tout ce noir autour de nous. Qui cache quoi ? On peut tout imaginer. Jusqu'où irons-nous ? Je devine plus que je ne distingue les indications du profondimètre phosphorescent sur le poignet de mon camarade. Dix. Vingt. Trente. Quarante. Cinquante mètres. Ma nervosité augmente lentement mais sûrement. Je respire de plus en plus vite. Beaucoup trop vite. Soixante mètres. Je ne sais pas comment expliquer à mon copain que ça ne va pas. Que j'aimerais bien remonter maintenant. Soixante-dix mètres. La panique me gagne. Je commence à haleter, je sens que l'oxygène n'arrive plus. Il faut que je passe sur la réserve. Il y a une manette pour cela, mais dans le noir je ne la trouve pas. Je m'agite, je tâte fébrilement ma combinaison, je ne respire plus, et soudain je touche quelque chose, c'est elle ! C'est la manette ! Je tire de toutes mes forces.

Mon fenzy, mon gilet de sauvetage branché sur ce qui reste d'oxygène, se gonfle d'un coup.

Je me suis trompé de manette ! Je remonte à toute vitesse, sans comprendre quoi que ce soit, comme une baudruche, à la surface. Je perds mon masque. Je n'ai le temps de penser à rien. Je ne sais pas que le geste que je viens de faire peut être fatal. Avec le changement brutal de pression, le dosage d'azote brusquement déséquilibré, le sang se met à bouillir. On meurt en quelques minutes dans d'atroces souffrances. L'accident fatal classique en plongée. Il faut un caisson de décompression (ce qu'évidemment nous ne possédons pas). Ou redescendre aussitôt. Mon camarade me rejoint en palmant comme un fou et, sans même me dire un mot, m'entraîne à nouveau vers le fond pour m'obliger à franchir les paliers nécessaires à une décompression progressive. Il me prête son masque. Nous respirons tous les deux à tour de rôle grâce à son embout que nous échangeons. Nous mettons longtemps à remonter.

« Qu'est-ce qui t'a pris ? Tu as failli y passer ! » me demande-t-il plus tard, une fois que nous sommes revenus, sains et saufs, à la surface.

Nous sommes assis par terre, au bord de la lagune, au fond du cratère.

« Remonter comme ça d'un coup, de soixante-dix mètres !

— En fait, c'était la première fois que je plongeais. »

Je crois que je n'oublierai jamais son visage à ce moment-là. Il y eut un silence, puis il a explosé :

« Sylvain, tu es complètement fou ! »

Il avait raison. J'avais frôlé la mort. Je m'en sortais avec une grosse commotion. Seulement. Et, bien des fois dans ma vie, cette situation allait se reproduire. Beaucoup plus souvent que pour n'importe qui. Pourquoi ?

XVII

Quelques semaines ont passé. Je me retrouve à nager dans le Pacifique avec plusieurs copains. Il y a eu une tempête trois heures plus tôt. L'océan est démonté. Des vagues déferlantes de six à huit mètres de haut. L'eau n'a jamais été mon élément de prédilection, mais je suis avec les autres, c'est une occasion de rigoler. Au milieu d'une falaise, une petite crique crée un goulot d'une dizaine de mètres. Nous nous amusons à monter et à descendre au gré des vagues qui s'engouffrent là, et font soudain monter le niveau de l'eau.

Tout à coup, au lieu de continuer à jouer au bouchon comme tout le monde, je me dis « Et si j'essayais de passer *sous* la vague ? ». Très mauvaise idée ! Car, emporté par le courant, sans même réaliser ce qui m'arrive, me voici emporté vers le large, en plein océan, au milieu des rouleaux gigantesques. Impossible de revenir ! Mes copains ne me voient plus. Ils ne savent pas où je suis ! Au bout de quelques minutes, ils reviennent sur le rivage et scrutent désespérément l'horizon en hurlant mon prénom. En vain.

Le courant m'empêche de revenir. J'essaie de nager sur les vagues énormes qui passent par train de six, de profiter alors du courant pour tenter de me rapprocher de la falaise. Mais je m'épuise rapidement. Je vais finir par me noyer. Cette fois, j'ai le temps de prendre conscience de la situation. Je vais mourir. Ça ne fait aucun doute. Je ne panique pas. Je n'ai pas peur de la mort. La souffrance m'effraie, mais pas la mort. C'est juste dommage parce que j'aime la vie. J'aurais bien voulu continuer un peu. Et ça m'afflige pour ma mère. Je revois son visage, celui de mes sœurs. Je ne vais plus tenir longtemps. Ma seule petite chance, ce serait d'attraper le prochain train de vagues et de crawler comme un dingue pour atteindre la falaise avant que le prochain me rattrape. Je n'aurais que quelques secondes. C'est jouable. Il faut tenter le coup. Ne pas attendre davantage car je bois la tasse à chaque mouvement.

Les vagues arrivent, je nage le plus vite possible, en puisant dans les dernières forces qu'il me reste. Le courant m'entraîne et je tape très violemment, contre la falaise. J'ai le corps éclaté, le front, les mains, les genoux, les pieds en sang. Je me cramponne comme un singe à la roche. Heureusement, elle est inclinée ! Je remonte aussi vite que je peux. J'ai juste le temps de me hisser, avant qu'une deuxième déferlante de vagues se jette contre la pierre, quelques centimètres en dessous de moi.

16h30, le 24 août 1988. Quelques minutes avant le décollage, et l'accident qui aura lieu une demi-heure plus tard, à quelques kilomètres de là. ©DR.

Mai 1956. Nous avons à peine un an d'écart avec Sophie, ma sœur. Nous ne le savons pas encore mais notre vie, ce grand voyage, vient à peine de commencer

Avec mon père, « ce héros au sourire si doux » qui m'a tant appris et auquel je me suis opposé silencieusement. Je lui «parle» encore aujourd'hui.

La tribu des cousins devant la maison de famille de notre grand-mère «magique». Nous sommes tous restés extraordinairement proches les uns des autres.

Avec ma grand-mère, Marcelle, le jour de ses quatre-vingts ans, l'occasion d'une grande fête de trois jours où nous serons plus de cent. Nous portons tous les deux l'emblème de la famille: une pie. Nous ne perdions jamais une occasion de rire ensemble.

À 3000 m d'altitude, en chute libre au-dessus de Bergerac, et à 50 mètres à la seconde. La plus belle et la plus grisante sensation de liberté qui puisse exister. Le vol à l'état pur ! © D.R.

Dix ans de « Carte aux trésors » résumés en une image : l'hélico blanc piloté par Frank Arrestier, la caméra wescam par Bruno Cusa, des milliers d'heures de vol ensemble… et le meilleur toujours à venir : toute l'Europe vue du ciel ! ©D.R.

Vol avec la Patrouille de France, en compagnie du « grand frère et ami », Michel Drucker, qui a changé le cours de ma vie professionnelle. ©D.R.

La différence entre les hommes et les enfants ? C'est le prix de leurs jouets !
École de pilotage de monoplace en formule 3 000 pour « jouer » au pilote de F1.

Avec Manon et Hadrien – mes deux anges blonds – sur la fameuse 750 Africa Twin, qui finira broyée dans un accident l'été suivant.

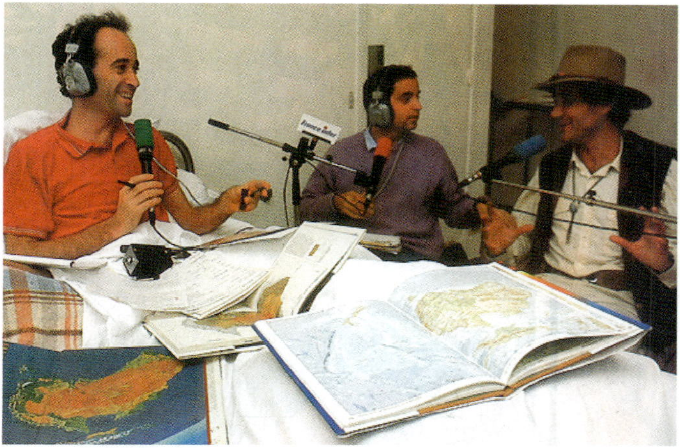

En direct sur France Inter, depuis ma chambre d'hôpital, comme tous les jours à 15h, pour l'émission «Chic Planète». A mes côtés, Emmanuel Moreau, merveilleux complice pendant des années, et un bushman australien qui n'en croyait pas ses yeux. ©D.R.

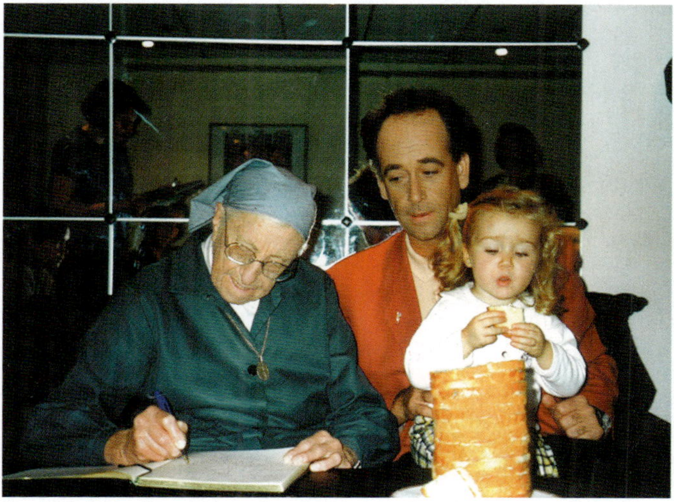

La révélation : « l'apparition » de sœur Emmanuelle qui va tout changer dans ma façon de voir la vie… En compagnie de Manon qui a deux ans, après une émission inoubliable de « Faut pas rêver ».

Une virée entre cousins, comme il y en a eu des dizaines.
Et comme il y en aura encore beaucoup.
Notre slogan, bien visible sur la photo, est toujours le même.

Je suis sauvé. Je m'allonge au sommet de la falaise et comprends alors que j'ai failli y passer. Mes copains qui me voient soudain poussent des hurlements de joie. Ils étaient persuadés que j'étais mort. Je suis un miraculé. Et pendant plusieurs jours je savoure à pleines dents mon bonheur, la chance inouïe qui a été la mienne.

Le bonheur d'être en vie.

Au mois d'avril 1979, j'ai terminé ma coopération. Mes colocataires également. Nous résilions le bail de la maison. Mais plutôt que de rentrer tout de suite en France, je décide de rester encore quelque temps et de voyager sur le continent. Patrick et moi partons dans ma Ford Lincoln sur la panaméricaine. Grande sensation de liberté. Musique à plein tube et cheveux longs au vent. Nicaragua, Costa Rica, Panamá. La route s'arrête là. Nous prenons l'avion jusqu'à Bogotá et rejoignons Philippe, un ami coopérant en Colombie. À Bogotá, nous achetons pour une bouchée de pain une « coccinelle » blanche. Je me souviens de l'ambiance effrayante de la ville, avec ses gosses de rue prêts à tout pour chaparder la moindre bricole. J'étais au volant, à un feu rouge, la fenêtre ouverte évidemment et le bras accoudé sur la portière quand un de ces gangs d'enfants s'est arrêté à ma hauteur. De petits visages fripés, crasseux, vieillis prématurément, où se lisaient toute la misère et la débrouillardise du monde. Je les ai regardés en souriant. Soudain l'un d'eux m'a écrasé sa cigarette sur le bras pendant qu'un autre chipait ma montre.

Bienvenue à Bogotá !

Medellín. Carthagène des Indes. En Équateur, nous avons suivi le boulevard dit « des volcans ». Pérou. Chili. Je voulais absolument voir le désert d'Atacama où l'on racontait qu'Hemingway avait écrit *Le Vieil Homme et la mer*.

De retour en Équateur, nous passons la journée à bord d'un petit train qui grimpe péniblement de Guayaquil à Quito. On voit des animaux partout. Le soleil est magnifique. Je grimpe sur le toit du train. Barbu, chevelu. J'y reste toute la journée, en communion avec la nature, dans cette ascension unique, physique et spirituelle. Nous dépassons les cinq mille mètres. L'air devient glacé. J'ai le sentiment d'atteindre le bonheur absolu. J'aime les sensations fortes. J'en ai besoin pour vivre.

Être à la fois dans et hors du monde.

Cependant la réalité nous rattrape toujours tôt ou tard. Début juin, nous apprenons que le conflit s'est considérablement durci au Nicaragua. Plusieurs villes importantes comme León, Masaya ou Matagalpa ont été « libérées » par les sandinistes. D'autres sont en plein soulèvement. Des vols clandestins quittent tous les jours San José, au Costa Rica, en direction des fronts. Les somozistes n'arrêtent plus personne. Le 4 juin débute à Managua une grève générale. Des barricades s'élèvent dans toutes les rues. Les guérilleros se cachent partout. Les patrouilles de la Guardia sillonnent la ville dans l'attente de la bataille finale.

« Somoza n'en a plus pour longtemps.

— Ce serait dommage de ne pas être sur place au moment de sa chute. »

Nous abrégeons notre voyage et rentrons à Managua.

La ville est en effet en état de siège. Silencieuse le jour, mais balayée par les rafales toutes les nuits. En apparence elle semble vide. Tout se trame en sous-sol. La tension est palpable. On sent qu'il suffit d'un rien pour mettre le feu aux poudres.

Je loge chez des coopérants. Je dors à même le sol. Le temps paraît suspendu. Je ne sais pas bien s'il me faut quitter le pays au plus vite ou rester là en observateur. J'ai retrouvé les journalistes internationaux de l'hôtel Inter-Continental. En particulier le photographe américain Donald. Je choisis alors de l'accompagner et de shooter avec lui cette fin de règne dictatorial.

Un matin, à l'aube, une bombe fait sauter ma belle voiture. C'était prévisible. Ma Ford Lincoln était une indécence, une provocation dans ce paysage dévasté. Sans doute les sandinistes l'ont plastiquée. Eux ou les autres, qu'importe ? Je n'étais pas dedans, voilà l'essentiel.

Une après-midi, nous roulons Donald et moi sur la route sud. Nous sommes arrêtés. À trois cents mètres devant, nous apercevons un barrage de l'armée. Les soldats de la Guardia demandent à un homme de descendre de son automobile. À l'évidence, c'est un journaliste étranger. Un caméraman, à cinquante mètres derrière lui, semble filmer la scène. De là où nous nous trouvons, dans la file des voitures arrêtées qui attendent, nous ne comprenons pas très bien ce qui se passe. Ne s'agit-il pas d'un simple contrôle ? Tout le monde est tellement sur les nerfs. Brusquement le soldat ordonne au journaliste de se coucher au sol, les mains croisées derrière la nuque. Il lui donne un coup de pied. Donald suit au téléobjectif la scène qu'il me décrit.

Et sous nos yeux effarés, comme devant le caméraman qui tourne, le soldat tire une balle dans la tête de l'homme à terre.

Nous poussons un cri d'effroi et rebroussons chemin à toute vitesse. De son côté, miraculeusement, le caméraman parvient à s'enfuir. Le soir même, ses images font le tour de la planète. C'est ainsi que je réalise, à la télévision, ce dont nous avons été témoins. C'est ainsi que j'assiste une deuxième fois à l'assassinat du journaliste américain de la chaîne ABC, Bill Stewart.

Ce soir-là, Somoza perd définitivement le soutien des États-Unis. Plusieurs pays rompent leurs relations diplomatiques avec le Nicaragua. Au Costa Rica, les sandinistes annoncent la formation d'un gouvernement provisoire composé entre autres de Violeta Chamorro, veuve de Pedro Joaquin, le journaliste de *La Prensa* qui avait été assassiné le jour de mon arrivée.

La boucle est bouclée.

Une nouvelle fois un homme a été exécuté devant moi. Cette image me hante la nuit et m'envahit. La vie, si fragile, si ténue. Cet homme, jeune, pacifique, qui n'a même pas eu le temps de comprendre. Il faisait son métier. Journaliste. Son corps a tressailli et s'est immobilisé sur l'asphalte. Pour toujours. Je suis victime d'une attaque de panique en fumant un peu de marijuana. L'angoisse me submerge.

Il est temps pour moi de partir.

À la mi-juillet, je quitte définitivement le Nicaragua pour le Guatemala. Le régime de Somoza tombe deux jours plus tard.

J'arrive chez un copain qui vit à Antigua, l'ancienne capitale du Guatemala. Je visite un peu le sud du pays, le lac Atitlan, les Indiens, etc. Mais je n'y suis pas. J'ai l'impression d'être sonné. Constamment angoissé. Je ne suis plus le garçon insouciant que j'étais en arrivant un an et demi auparavant. En feuilletant un *Quid* qui traîne chez mon copain, je tombe sur l'article « cancer ». Je me mets à le lire. Banale description de la mort. Une nouvelle crise de panique s'empare de moi. Réplique violente de la précédente. Le lendemain, je m'envole pour Mexico.

À l'aéroport, il y a deux vols en partance. L'un pour Vancouver. L'un de mes amis y est toujours coopérant. Je suis tenté. La chanson de Véronique Sanson me trotte dans la tête. L'autre vol est pour Paris.

Pour la première fois, j'appelle mes parents. C'est ma petite sœur, Isabelle, qui me répond.

« Il vaudrait mieux que tu rentres. »

La dépression de notre père s'est aggravée. Mon autre sœur s'est mariée et a eu un enfant. Notre mère est débordée.

Dans la cabine téléphonique, j'éclate en sanglots. Je savais que le fil était très fragile et pouvait se casser si j'entendais quelqu'un au téléphone.

Quelques heures plus tard, j'étais dans l'avion qui me ramenait en France.

XVIII

Il y a eu avant et après le Nicaragua. Comme il y aurait, quelque dix ans plus tard, avant et après mon accident de parapente. Le Nicaragua m'a changé, transformé, bouleversé. J'avais conscience d'avoir vécu quelque chose d'exceptionnel. J'avais découvert d'autres pays, la misère. Qu'on pouvait nouer des liens avec des hommes et des femmes d'autres milieux. À ma grande surprise, j'avais appris à vivre seul pendant trois mois, à parler espagnol en un rien de temps, à jouer de la guitare, à escalader des volcans…

Dans l'avion qui me ramenait à Paris, j'étais empli de questions. Mais aussi d'une certitude, d'une conviction : je serai journaliste. La dernière phrase d'un roman de Michel Drucker intitulé *La Chaîne,* que j'avais lu et relu durant mon séjour, ne cessait de me tourner dans la tête : « Petit, ne te damne jamais pour des images. » C'était peut-être par la radio qu'il fallait commencer.

Le retour allait être difficile, je le pressentais. Je serais décalé. La France me paraissait étriquée, ronchonne. Un pays où les gens lisent les faits divers et la météo.

Malgré tout j'ai foncé tête baissée dans la vie, gravissant peu à peu les échelons du journalisme en tâchant soigneusement de ne pas accorder d'importance à cet ennemi, l'angoisse, tapi au fond de moi. J'ai franchi des barrières, surmonté des épreuves, atteint une certaine notoriété. Mais sans jamais l'affronter.

Deux ans après mon accident, et en dépit de ma douleur permanente au pied, tout en apparence va plutôt « bien ». En tout cas pour le mieux. Mon émission sur France Inter cartonne. Ma chronique sur Canal + amuse beaucoup. Et, un beau jour de printemps 1990, Georges Pernoud revient me voir :

« On a commencé une nouvelle émission d'évasion hebdomadaire depuis la rentrée dernière, animée par Marc Bessou. Elle a du mal à démarrer. Chancel veut un autre animateur. On a pensé à toi. Je t'ai apporté des cassettes. Le principe est simple, trois reportages tournés dans le monde et des petits plateaux de trois minutes avec les réalisateurs.

— Comment ça s'appelle ?

— "Faut pas rêver".

— Bravo pour le titre. Ça fait drôlement envie.

— Visionne les bandes et on en reparle. »

Je ne connais pas Marc Bessou. Mais l'idée de prendre la place de quelqu'un (même s'il se trouve déjà sur un siège éjectable et sera de toute façon remplacé par un autre) me gêne. J'ai peut-être trop d'états d'âme pour travailler à la télévision. J'hésite. Dans le même temps, animer une émission de qualité me fait plutôt envie, pourquoi le nier ?

Seulement, quand je regarde les cassettes que m'a prêtées Pernoud, je suis consterné. Je pense que l'émission est une catastrophe et qu'elle ne marchera jamais. Avec un titre pareil, en plus. Seule la dimension humaine, si chère à Pernoud, me séduit. « Sans rencontre, pas de voyage », comme il dit. Mais pour le reste, à mon avis, rien ne va. Je lui fais part de mon scepticisme.

« Je remplacerais bien les réalisateurs par un invité unique, et célèbre de préférence, pour commenter les reportages. Et, bien évidemment, une carte du monde, sur le plateau, me semble indispensable.

— Approprie-toi l'émission. Elle est à toi ! »

Persuadé que ça ne durera qu'un temps et que nous courons à l'échec, je finis par me laisser convaincre. Après tout, je n'ai rien à perdre… L'émission est tournée en différé à La Plaine-Saint-Denis dans un coin de studio sordide. Elle est diffusée le dimanche après-midi, face à Jacques Martin.

Dès le 1er mai 1990, je prends les commandes de « Faut pas rêver » en me demandant bien quelle personnalité va accepter de venir enregistrer une émission dans de pareilles conditions ! Jean d'Ormesson et Françoise Fabian viendront tous les deux d'un seul élan, et par pure gentillesse, essuyer les premiers plâtres. Quel cadeau ! Je ne l'ai pas oublié.

Au début du mois de juin, pour enregistrer l'émission de France Inter, je me rends en Bretagne rejoindre Jean-Louis Étienne qui part quelques jours plus tard pour l'Antarctique. Au vu de ces circonstances exceptionnelles, « Rendez-vous, vous êtes cernés » a lieu en direct de son superbe bateau *Antarctica,* encore à quai. Tout se passe à merveille. J'ai pour cet homme d'aventure, médecin, explorateur, une grande admiration, beaucoup d'affection ainsi qu'une immense gratitude. N'est-ce pas grâce à son enseignement que je suis parvenu, là-haut sur ma montagne en août 1988, à freiner l'hémorragie qui aurait dû causer ma perte ?

De plus, depuis quelques mois, l'émission radio a trouvé son rythme, son ton. Je choisis mes invités avec soin. Les rencontres sont chaque fois plus belles, plus émouvantes. J'en tire toujours une nouvelle connaissance de l'existence et, je le crois alors, une force régénérée. La vie est magnifique, elle en vaut la peine, à n'importe quel prix, tel est le discours que me tient en substance chacun de mes invités ; tel est ce que raconte chaque itinéraire, avec ses lignes droites et ses chemins tortueux, ses rires, ses inquiétudes et parfois ses larmes. C'est Éric-Emmanuel Schmitt qui m'avoue en écoutant quelques mesures d'un concerto pour piano et orchestre de Mozart : « Cette musique m'a permis à quatorze ans de rester en vie. » L'intensité de son regard alors !

C'est Jean-François Deniau qui me raconte ses nuits de souffrance et de solitude, après l'opération qui avait détruit une partie de son système nerveux : « C'est ce qui m'a permis d'écrire des livres. » C'est encore Jeanne Moreau qui rétorque à mon interrogation sur le temps qui passe et sur l'âge : « Avant de me poser cette question, jeune homme, posez-la-vous à vous-même. »

Une telle richesse ! De tels trésors ! Chaque fois, je ressors de l'enregistrement épuisé mais paradoxalement à nouveau plein d'énergie et de confiance.

Ce jour-là, à Brest, tout semble se dérouler comme d'habitude. Après l'émission et le déjeuner qui suit, je me retire dans ma chambre d'hôtel pour me reposer quelques heures. Une grande fête est prévue le soir avec la bande de Jean-Louis. Je fais une sieste. Vers 17 heures, je décide d'aller me promener un peu dans la ville. Il fait un temps splendide. Je n'ai plus d'obligation professionnelle.

« N'aie pas peur, tu es entouré de gens qui t'aiment. Il y a beaucoup d'amour autour de toi », m'a assuré sœur Emmanuelle, qui tutoie tout le monde, le jour où je l'ai rencontrée. Elle avait lu derrière mon sourire d'animateur confiant un tout autre message. Et ce message était : « J'ai peur ! J'ai peur ! J'ai peur ! »

Tout à coup, impossible de sortir de l'hôtel : quelque chose me tombe dessus, d'un poids, d'une violence hors du commun. Quelque chose qui me paralyse, me fige soudain, m'asphyxie. Je me sens atrocement seul.

« Il faut que je rentre tout de suite à Paris. » Mais je suis incapable de conduire. Je suis même incapable de téléphoner, de marcher. Des employés de l'hôtel m'aident à regagner ma chambre. « Ça va aller, monsieur Augier ? »

Non, ça ne va pas aller. Ça ne va plus aller. Quelque chose vient de craquer. « Il faut vous reposer. » Surmenage, pensent-ils sans doute. Trop de tension. Radio, télé, magazine. Je regarde tout autour de moi avec effarement. Que m'arrive-t-il ? Je ne comprends pas. Ou plutôt je ne comprends que trop bien. J'ai trente-cinq ans. Dans l'épreuve, j'ai tenu bon, sans jamais craquer. Je me suis reconstruit à tous points de vue. Et c'est maintenant que je flanche.

Comme mon père, au même âge.

Ce n'est pas une crise d'angoisse. Ce n'est pas une attaque de panique. Le mal qui me ronge est bien plus profond. J'en reconnais, intuitivement, tous les symptômes. Je l'ai repoussé le plus longtemps possible, et soudain ça explose.

C'est une dépression.

XIX

J'ai longtemps pensé que c'était une fatalité. Un capital génétique que je portais en moi. Je le pressentais, au fond je le savais : un jour, « ça » me tomberait dessus ; tôt ou tard, « ça » me rattraperait. La dépression avait terrassé mon grand-père, puis mon père. En toute logique, j'étais le prochain sur la liste. Je croyais qu'il n'y avait pas moyen de lutter contre. Mieux valait ne pas y penser. Faire l'autruche. Je persistais à ignorer ce rendez-vous avec mon histoire. Avec mes origines. Il était pourtant inévitable. Je ne pouvais plus le fuir.

Il allait falloir que je l'affronte.

Je ne sais même pas comment je suis rentré à Paris. Avec qui. Un ami médecin me conseille un psychiatre pour un traitement chimique immédiat et une thérapie à long terme. Je me retrouve très vite sous antidépresseurs, anxiolytiques et autres médicaments multiples et variés (sans parler des antidouleur que je continue de prendre à haute dose). Le psychiatre me voit une fois par semaine. Parallèlement, je commence un vrai travail avec une psychothérapeute, à raison de deux séances hebdomadaires de trente minutes.

Autour de moi, personne n'est au courant. Je cache ma détresse à tout le monde, sans exception. De cette façon, je cherche peut-être à nier ma maladie. J'en ai honte. Dans ma famille, la dépression a toujours été un sujet tabou. On parlait de « neurasthénie » pour mon grand-père et de « cures de repos » pour évoquer les séjours de mon père en clinique psychiatrique. On disait « votre père est très fatigué » pour justifier qu'à table il avalait quasiment une trousse entière de médicaments. Quand j'ai été un peu plus en mesure de comprendre, j'ai été épouvanté à l'idée de devenir comme lui. Et finalement j'ai tout fait pour prendre le contre-pied de mon père. Ne pas suivre les études qu'il envisageait pour moi. Ne pas suivre la route qu'il m'indiquait, sur ses pas. Ne pas répondre à ses ambitions, à ses attentes. Affecter un appétit pour la vie qui lui était méconnu.

Ça n'a servi à rien. Mes tentatives ont été inutiles. En dépit des apparences, je ne me suis pas éloigné de mon père. Aujourd'hui je m'aperçois même avec effroi que, par des voies détournées, je l'ai rejoint.

Le soir, je n'arrive plus à m'endormir sans médicament. Au matin, le réveil est épouvantable. Je suis obligé d'en prendre d'autres. Je voudrais me terrer dans mon lit. C'est au prix d'un effort surhumain que je réussis à affronter le monde extérieur et à donner le change. Auditeurs et spectateurs ne remarquent rien. En apparence, je suis le même. Qui devinerait le drame qui se joue en moi ?

Derrière le micro ou les caméras, mes collaborateurs, eux, me trouvent mauvaise mine. J'en fais peut-être trop ? Avec mon pied, je devrais me ménager davantage. Ils ne se doutent pas que mon mal n'est pas seulement physique. Et qu'au contraire je multiplie les activités pour échapper à cette réalité qui m'épouvante. Sans médicaments, je suis persuadé que je ne tiendrais pas. Mais combien de temps puis-je tenir en « bouffant » ainsi des comprimés dont j'augmente sans cesse les doses pour maintenir et accélérer leur effet ?

J'enchaîne les tournages et les enregistrements radio. Professionnellement j'assure. Pas une fois je n'annule une émission. À ma grande surprise, « Faut pas rêver » attire de plus en plus de spectateurs. La nouvelle « formule » que j'ai proposée semble plaire davantage. Elle est maintenue pour la saison suivante et programmée cette fois le vendredi soir, tard. On tourne désormais à La Garenne-Colombes. Le studio est plus grand, moins sinistre qu'à La Plaine-Saint-Denis, mais selon moi c'est toujours trop loin. Grâce à « Rendez-vous, vous êtes cernés » sur France Inter, je commence à me constituer un réseau d'agents et d'attachés de presse.

« Les stars que je contacte sont toutes d'accord pour participer à l'émission, mais dès qu'elles apprennent où il faut aller, elles se désistent.

— Tant pis. On peut s'en passer, estime Pernoud.

— Ce serait vraiment dommage. On gagnerait en image. Et donc en audience, j'en suis sûr. »

Entre Georges Pernoud et moi, quelque chose ne passe pas. Nous nous estimons mutuellement, mais nous divergeons silencieusement sur différents points. Nos personnalités sont à l'opposé l'une de l'autre. Et nos méthodes de travail nous séparent carrément. Très vite, je cesse d'assister aux réunions hebdomadaires. Perdre trois heures à discuter l'ordre de diffusion des sujets pour en revenir toujours à la même formule (censée garder le plus grand nombre de spectateurs jusqu'au bout), la belle affaire ! Quelle perte de temps ! C'est trop pour moi. De même, je cesse rapidement d'assister à la projection des reportages avec l'équipe. Je demande à visionner les cassettes, seul, chez moi. Combien de réalisateurs ai-je vus se faire démolir par la production ! Combien de jours, de semaines de travail, lapidés en deux phrases ! Je ne le supporte pas.

Je n'ai pas besoin de ça pour être déprimé. Je préfère voir les réalisateurs et les journalistes en tête à tête, au moins est-ce toujours un bon moment.

Par conséquent, entre Georges Pernoud et moi, je l'avoue, c'est davantage l'entente cordiale que la franche sympathie. Mon attitude l'agace. C'est vrai que je rechigne à faire dix fois une prise qui ne me semble pas nécessaire. C'est vrai que je me bricole des petites fiches que je lis hors antenne, pendant la diffusion des sujets. Et alors ? Devant la caméra, on ne peut rien me reprocher.

Il ne m'a pas fallu beaucoup de temps pour imprimer à l'écran ma marque, mon empathie spontanée. J'ai réussi à imposer un invité unique. Pendant la diffusion des reportages, je l'observe attentivement pour mieux l'interroger ensuite. C'est quand les gens ne parlent pas qu'ils se révèlent le plus. Et la valeur d'une interview, m'a appris un jour Alain Resnais, tient à l'interviewer, pas à l'interviewé ! Tout est dans l'écoute, dans l'attention à l'autre. Exactement comme dans la vie…

Dans l'esprit du public, désormais, « Faut pas rêver », c'est moi, conformément au souhait de Georges. Et quand l'émission est programmée le mardi, en première partie de soirée, juste après Tintin, à 21 h 15, elle démarre pour de bon.

Dès que je suis dans la lumière, devant une caméra ou derrière un micro, dès que le rouge de l'enregistrement s'allume, je m'illumine intérieurement, je me remets debout. Mais à l'instant même où tout s'arrête, la dépression m'accable encore plus fortement. Je me demande alors comment je vais m'en sortir, si je vais m'en sortir. Entre l'animateur au large sourire, à la voix chantante, et l'être perdu qui s'effondre dans l'ombre, je ne sais plus où je suis. Qui je suis. J'arrive aux enregistrements de « Faut pas rêver » avec plus de quatre heures d'avance, dans un état d'angoisse et d'abattement impensables. Je gare ma voiture dans une ruelle attenante et me roule en boule sur le siège arrière, sous une couverture. J'avale des somnifères. Je me réfugie dans le sommeil. Je m'enfuis. Quand je me présente ensuite sur le plateau du tournage, personne ne peut soupçonner que je me trouvais là depuis quatre heures, à une centaine de mètres, pelotonné dans une couverture. Comme un pauvre hère sans domicile, sans personne.

J'ai l'impression d'être complètement schizophrène.

Et la douleur à mon pied devient chaque jour plus insupportable.

XX

J'envisage sérieusement de quitter Paris et de tout plaquer. Je n'en peux plus. La psychothérapie que j'ai commencée m'oblige à me replonger dans mon histoire familiale. À la lire autrement. Mais il me faudra des années avant d'en ressentir les effets, avant de parvenir à rompre les lourds schémas de répétition. Je le sais. D'ordinaire je ne suis pas très patient. Là, je n'ai pas le choix. Il faut « bosser », tout passer au peigne fin. Les événements importants comme les anecdotes. Je suis prêt à prendre le temps nécessaire. Et à en payer le prix.

Je marche sur un fil qui peut casser à tout moment.

Je suis né le 7 mai 1955 à la clinique de Toulouse. Les trois premières années de ma vie, je les passe à Castres où vivent alors mes parents. Mon père, Pierre Augier, a hérité de son père une usine de textile d'environ trois cents ouvriers qui se trouve à quelques kilomètres de cette ville. Mon grand-père paternel, Paul Augier, était issu d'une famille très bourgeoise, propriétaire d'un château classé dans le Tarn et d'un très bel appartement dans un hôtel particulier près de Menton, avec vue directe sur la mer. Mais la guerre le ruine. Il refuse de faire du marché noir. C'est un homme austère, droit, intègre. Il héberge des réfugiés, qui rejoignent la zone libre. Mais il n'accepte pas les cadeaux et renvoie systématiquement ceux qu'on lui adresse en guise de remerciements. Sa femme, ma grand-mère Suzette, que tout le monde appelle Mimi, d'une tonicité à toute épreuve (elle vivra jusqu'à cent quatre ans !), vient d'une famille viticole de l'Aude, ruinée elle aussi, mais pour des raisons différentes : la grêle deux étés de suite, deux saisons catastrophiques. Mais la perte des propriétés familiales n'est rien, au fond, à côté du drame qui brise leur vie à tous les deux. À l'âge de douze ans, leur fils plus jeune, André, s'électrocute dans son bain. Mon père a quinze ans. C'est lui qui découvre le corps. Et, à partir de ce jour, il devra apprendre à vivre dans une maison en deuil dont les murs sont recouverts de photographies de son frère disparu.

Son existence entière sera liée à cette absence. À la culpabilité d'être le survivant. C'est le meilleur qui est parti, murmure-t-on autour de lui.

Mon père est un élève brillant et très discipliné. Après avoir fait l'Essec et son service militaire dans la cavalerie à Saumur, il poursuit un temps ses études en Angleterre. Il veut continuer dans l'armée. Il rêve d'être officier général. Les difficultés financières que traversent alors mes grands-parents après la guerre en décident autrement.

« Il faut que tu reviennes, ça va mal. Tu dois m'aider à payer les ouvriers et rembourser les créanciers. J'ai besoin de toi », lui écrit mon grand-père.

Mon père obéit sans discuter. Pendant quelques années, il réussit tant bien que mal à reprendre en main l'usine de textile, au côté d'un père fatigué, « neurasthénique », abattu soudain par une crise dépressive qui ne le quittera plus jusqu'à la fin, et d'une mère à jamais inconsolable de la mort de son deuxième fils.

Du côté Augier, donc, le schéma est assez net : mon père sera marqué à jamais par la mort de son frère. Il suivra les traces indiquées par son père sans broncher, ravalant d'autres ambitions, et reproduira quasiment de bout en bout son modèle, dépression comprise. À la mort de celui-ci, et déjà bien avant, il prendra en charge sa mère et la soutiendra sans faillir jusqu'au bout.

Du côté de ma mère, le contexte et l'ambiance sont radicalement différents. On pourrait même dire à l'opposé : Mon grand-père maternel, Jules Pigasse, est avocat et bâtonnier à la cour d'appel de Toulouse. Il est également mainteneur des jeux floraux de la ville. Une personnalité haute en couleur, cultivé et d'une très grande honnêteté. Il refuse de plaider les divorces. Il ne fait pas payer les petites gens. Un homme sérieux et probe, moral, tout à fait irrépréhensible, marié, deux filles. Son seul coup de sang, de toute sa vie, c'est de tomber fou amoureux de sa secrétaire, une petite blonde menue qui répond au prénom de Marcelle, qu'il idolâtrera jusqu'au dernier jour et à qui il fera quatorze enfants. Brillant, on l'aura compris, et pour le reste consciencieux, rigoureux, Jules Pigasse traverse l'existence sans faire de vagues et meurt subitement dans son lit un beau matin ensoleillé alors que sa femme ouvrait les volets de la chambre.

Son frère cadet, Albert, est d'une tout autre nature, plus versatile, plus dispersée. Plus « artiste ». J'ai souvent pensé que j'avais suivi inconsciemment ses traces à lui, comme si son modèle m'avait davantage inspiré. Albert Pigasse est un dilettante, un flâneur professionnel, un papillonneur qui aime bien essayer tout ce qui lui tombe sous la main et se lasse assez vite de ses derniers engouements. Toujours prêt à l'aventure. Jeune docteur en droit, il rencontre un jour Bernard Grasset au cours d'une partie de tennis. Nous sommes en 1919 et l'éditeur lui propose de devenir conseiller littéraire, ce qu'Albert accepte. Mais au bout de six ans, le débutant n'en est plus un et décide de voler de ses propres ailes. En 1925, Albert quitte Grasset et fonde une librairie au 23, rue Marbœuf à Paris. Deux ans plus tard, enthousiasmé par un roman d'Agatha Christie dont il a fait la connaissance par le biais de sa maîtresse du moment, il le traduit et le publie.

Le Meurtre de Roger Ackroyd portera le N° 1 de la célèbre collection « Le Masque », dont il invente le concept, publiée par la librairie des Champs-Élysées. Malgré tout, Albert Pigasse a bien du mal à s'en sortir dans le monde difficile de l'édition. Heureusement, grâce au groupe Hachette qui bientôt le soutient financièrement, il a le flair, là encore, de s'intéresser aux écrivains anglo-saxons (alors inconnus en France) comme Conan Doyle. Infatigable, il crée en 1930 le prix du roman d'aventures, pour attirer des auteurs francophones. Désireux d'aller toujours plus loin, plus « haut », il ne cessera jusqu'à sa mort de lancer de nouvelles collections et d'emprunter des routes inconnues.

Pas forcément les plus droites et les plus sûres.

Je n'ai pas connu mon grand-oncle, Albert Pigasse, l'excentrique, l'original, amateur d'aventures, de belles énigmes et de jolies femmes. Je le regrette tant ! Je me souviens des centaines de livres du « Masque », à la célèbre jaquette jaune, alignés dans un couloir interminable, et qui me fascinaient.

Quant à la « grande maison », comme on l'a toujours appelée, c'est mon grand-père, Jules Pigasse, qui l'a découverte et achetée au temps où il occupait toutes les fonctions importantes dont j'ai parlé précédemment. C'est là qu'il est mort.

Située en Haute-Garonne, à une quarantaine de kilomètres de Toulouse, et en réalité à la sortie du village de Forgues, à l'écart, c'est une belle propriété qui était à l'époque envahie par la forêt, cernée de cèdres et de pins parasols, aux nombreuses chambres qui portent toutes des noms, avec ses dépendances et son moulin à vent en ruine, en haut d'un chemin pentu d'où l'on surplombe le Gers et toutes les Pyrénées. C'était la résidence secondaire de mes grands-parents, qui devaient apprécier de quitter de temps à autre leur immense appartement toulousain pour emmener à la campagne leurs seize enfants, l'institutrice et les domestiques qui vivaient avec eux.

Pendant la guerre et l'occupation, Jules Pigasse préfère d'ailleurs que toute la tribu s'installe à Forgues, dans ce qu'on surnomme au village avec affection « le château » et qui devient pour quelques années la résidence principale de la famille. Mes grands-parents n'hésitent pas à cacher des résistants dans la métairie. En représailles, elle sera très vite brûlée par les Allemands.

Ce lieu, capital dans ma vie, fondateur, c'est mon berceau, mon terreau. Là où souffle cet esprit de famille si important pour moi, si constitutif de ce que je suis, comme pour la plupart de mes cousins. Les grandes tablées avec les enfants d'abord, les adultes ensuite, le ping-pong, les cadeaux déposés par les cloches de Pâques sous le grand cèdre au sortir de la messe, les gigantesques parties de cache-cache la nuit, les batailles de marrons, les bagarres, l'escalade des arbres à celui qui monterait le plus haut, les virées à vélo, le chahut dans les chambres, l'insouciance, la joie de vivre, le bonheur absolu. Mes douze tantes... Ma quarantaine de cousins...

J'ai passé dans la « grande maison » d'innombrables week-ends et l'essentiel de mes vacances. Là, je retrouvais mes cousins. J'emmenais des amis, des copines de mes sœurs. Je jouais de la batterie sur les barriques de lessive de ma mère. Il m'est arrivé d'aller y réviser, seul, et toujours à la dernière minute, des examens. Forgues ! Si un jour la « grande maison » était menacée, je serais prêt à lever une armée pour ne pas la perdre. C'est plus que mes racines.

C'est, comme me l'a dit très justement un jour Nanou, ma cousine préférée, notre « prise de terre ».

plus haut. Les volets à vent, le [illegible] dans les chambres. L'insouciance, la joie de vivre, le bonheur absolu. [illegible] ... Ma [illegible] [illegible] de concerts.

XX

[illegible] dans la [illegible] maison [illegible] [illegible] et [illegible] Là je retrouvais mes [illegible]. [illegible] amis, des [illegible] de [illegible]. Je [illegible] de la [illegible] sur les barricades de [illegible] de [illegible]. Il m'est arrivé d'aller [illegible], seul [illegible] à la dernière minute, des [illegible] [illegible] [illegible] [illegible]

[illegible]

[illegible]

[illegible]

XXI

En 1958, mon père est obligé de fermer l'usine de textile de Burlats, près de Castres. J'ai trois ans. Sophie, ma sœur, en a deux. Il ne nous reste rien, à part une 2 CV. C'est à son bord que nous montons tous les quatre, mes parents, Sophie et moi, à Paris. Repartir de zéro n'effraie pas mon père. C'est même au contraire face aux obstacles qu'il prend toute son envergure, qu'il puise au fond de lui les ressources nécessaires, qu'il est capable de faire preuve d'une énergie considérable. Peut-être était-ce dans ces moments-là que la vie devenait pour lui plus attrayante ? Il aurait été capable d'abattre des montagnes.

Attitude qui trouve un fort écho en moi. Je n'ai jamais eu autant d'énergie qu'après mon accident, lorsqu'il m'a fallu tout reconstruire.

Toujours est-il qu'en compagnie d'un associé, mon père crée une société de promotion immobilière. En seulement quelques années, il nous remet parfaitement à flot ! Il a des clients dans toute l'Europe. Il leur rend visite à bord de son avion privé qui me faisait tant rêver, et dont il m'interdisait l'accès.

Mon père pouvait avoir cette sévérité-là. Plus exactement son sens de l'équité, de la justice, de l'honnêteté, était susceptible de se manifester de façon extrême et qui me semblait disproportionnée. Je me souviens des deux seules gifles qu'il m'a données : la première à la maison, parce qu'il m'avait appelé et que je ne lui avais pas répondu assez vite ; la seconde, un 14 juillet, au beau milieu des vacances dans le Sud. Je m'étais mis à pleurer : je ne voulais pas remonter à Paris. Le problème, c'est que nous nous trouvions alors à la sortie de l'église, en pleine cérémonie commémorative devant le monument aux morts de Forgues. Mon père ne l'a pas supporté. J'ai pris une baffe aussi sec.

« Quand on est là dans un moment pareil, devant un monument aux morts, on se met au garde-à-vous. »

J'avais onze ans.

J'ai ravalé mes larmes et ma honte. Dans ma tête je pensais déjà qu'il devait bien y avoir un moyen pour entretenir des rapports moins austères, moins durs, moins stricts, avec l'existence. Mon père disait toujours « Il faut rendre à la société ce qu'elle nous a donné ». Sans l'avouer, j'admirais cette intégrité. Mais je pensais aussi que la vie ne pouvait être uniquement un grand sacrifice. On pouvait certainement aussi s'y amuser.

Devant mon père je pliais toujours, ne me rebellais jamais ouvertement. Mon opposition était tout intérieure, silencieuse. J'avais de l'admiration pour lui, je le respectais infiniment, même si je n'étais pas comme lui.

Je ferais tout pour ne pas être comme lui.

Au début des années soixante, nous vivons à Saint-Ouen dans une maison avec une petite cour où je joue aux soldats et où, avec ceux de mes cousins exilés aussi dans le Nord, nous montons le week-end, après la messe au Sacré-Cœur, des pièces de théâtre. Ma sœur Isabelle est née en 1960 et je partage donc une chambre avec mon autre sœur, Sophie. Très vite, toutefois, je me sens beaucoup plus proche d'Isabelle, au caractère assez semblable au mien, aimant le plaisir et les fous rires. Sophie est plus sérieuse, plus rigoureuse que nous. Dans les fratries, les caractères se déterminent souvent par opposition. Sophie a pris le contrepied de mon comportement. Et Isabelle a fait de même à son égard. En toute logique nous nous sommes donc rejoints.

Dans notre « exil » parisien (je l'ai toujours ressenti ainsi), mon père n'a évidemment pas oublié sa mère. Ma grand-mère Mimi vit juste à côté de chez nous, en haut d'un immeuble qu'a fait construire mon père en réservant pour elle le dernier étage avec terrasse et surtout, contrairement à nous, la télévision. C'est chez elle que nous montons regarder *Zorro* le jeudi, « La Piste aux étoiles » de Roger Lanzac et parfois *Thierry la Fronde* le dimanche soir. C'est tout.

C'est à Paris que je vais pour la première fois à l'école. Ma mère a choisi pour ma sœur cadette et moi une école très particulière : le Cours Hattemer, situé rue de Londres, privé, mixte et extrêmement élitiste. Le cours a lieu deux heures par semaine, avec une seule institutrice, Madeleine Monnet, qui suit les élèves (cinq à dix au maximum) de la 12e à la 6e, sa secrétaire à côté d'elle, et toutes les mères des élèves assises en rang d'oignons au fond de la classe ! Les mères assistent au cours hebdomadaire puisque ce sont elles qui sont ensuite chargées de faire travailler leur rejeton à la maison. C'est ainsi que ma mère m'apprend quasiment tout, suivant scrupuleusement les conseils de Mme Monnet qui, comme elle, a parfaitement saisi ma manière de fonctionner.

« S'il a envie d'apprendre à lire en se roulant par terre, laissez-le faire », dit-elle à ma mère.

J'adorais Mme Monnet. Son enseignement sévère et affectueux. Elle a été comme une deuxième mère pour moi. Dans un système d'éducation plus classique, j'aurais peut-être rapidement décroché, je ne me serais pas adapté. Au Cours Hattemer, en revanche, j'ai été, je crois, bon élève. Je travaillais vite et au dernier moment, quand il n'était plus possible de différer davantage. Ça passait. Ma mère me laissait faire, malgré la désapprobation de mon père que, de toute façon, je ne voyais jamais.

Mon père lui faisait confiance, et elle me faisait confiance.

Chaque été, nous partions environ du 15 juin au 15 juillet à l'île d'Oléron dans une maison de location, avec ma mère et plusieurs personnes de la famille, dont une grand-tante, brillante professeur de piano (qui me donnait des cours tous les jours), restée vieille fille à la suite de son amour transi et platonique pour Granados, le compositeur espagnol. Ensuite on passait du temps à Forgues, et aussi dans l'Aude, chez mon autre grand-mère, Mimi. À la mi-août, mes parents louaient généralement une grande maison dans les environs de Paris où nous recevions nos cousins et des amis. J'avais conscience de ce privilège. J'adorais l'été, le soleil surtout, j'adorais les vacances. Je détestais remonter dans le Nord, même si je n'y étais pas malheureux.

Je mourais d'envie que nous repartions vivre dans le Sud.

Je passe ensuite haut la main le concours d'entrée au lycée Montaigne, juste en face du Luxembourg. Par rapport au Cours Hattemer, le changement est radical ! Jusque-là je n'avais jamais eu à me lever tôt, ce dont j'ai horreur. J'avais toujours été protégé, je vivais dans un cocon, une bulle. Du jour au lendemain je me retrouve dans une salle de classe au milieu de trente-cinq élèves. Plus personne ne m'appelle par mon prénom. Je suis seulement « Augier ».

Je n'en ai pas gardé de mauvais souvenirs non plus. Je n'y suis pas resté assez longtemps. Car bientôt notre vie allait changer à nouveau et nous allions quitter Paris.

De cette période, je garde en mémoire les trajets de métro effectués tous les jours, avec ma sœur Sophie qui suivait un cours privé de religieuses et descendait une station avant moi. Comme c'était un peu long entre Saint-Ouen et le Luxembourg, j'ai très vite pris l'habitude de lire. Mon plaisir prononcé pour la lecture s'est sans doute déterminé là. J'empruntais des livres à la bibliothèque du lycée. Des contes et légendes, Arsène Lupin, Mermoz, Kessel, Barjavel. J'ai dû lire *L'Aiguille creuse* et *Vol de nuit* des dizaines de fois. Mais surtout *Le Grand Cirque* de Pierre Clostermann qui m'a profondément marqué, et pour toujours.

J'en oubliais même de descendre à ma station !

L'entreprise de mon père tourne bien. Dans son bureau il a un grand fauteuil noir en cuir et à roulettes sur lequel j'ai le malheur de m'asseoir un samedi, pour jouer. Ce n'est pas du goût de mon père, qui travaille dur, prend peu de repos et a du mal à accepter qu'on puisse passer sa vie « en vacances », me fait descendre illico de son fauteuil :

« Tu t'assiéras là le jour où tu l'auras mérité. »

Je ne l'ai jamais oublié ! Un sentiment d'injustice stupide qui m'a une fois de plus conforté dans cette attitude de rebelle qui n'allait plus me quitter.

XXII

Je ne partageais pas grand-chose avec mon père. Nous étions trop différents. Pendant cette période parisienne, il m'emmène une seule fois à la chasse pour m'apprendre à tirer à la carabine. Ça ne m'intéresse pas beaucoup. Il faut se lever bien trop tôt et marcher des heures pour tuer de petits oiseaux sans défense. Mais c'est pour mon père son seul vrai divertissement dans la vie.

C'est d'ailleurs un accident de chasse qui va changer le cours de notre existence.

Je ne me souviens plus très bien de ce qui s'est passé, mais mon père revient un jour d'une partie de chasse avec un gros problème à la cheville qui le contraint à s'aliter, plâtré, pendant six mois. Comme c'est un homme actif, cette période d'immobilité forcée ne lui fait aucun bien. C'est à ce moment-là qu'apparaissent chez lui les premiers signes de la dépression et qu'il commence, lentement mais sûrement, à trouver refuge dans les médicaments. D'abord quelques comprimés, puis, des années plus tard, une trousse entière.

Mais au début de l'année 1967, nous n'en sommes pas encore là et mon père, dont les compétences et l'honnêteté sont reconnues, emporte, parmi des centaines de candidatures, le poste très envié de directeur général de la première usine Motorola en France, à Toulouse.

Il s'agit vraiment d'essuyer les plâtres. Et même de tout faire construire. Les Américains commencent à s'implanter en Europe. Mon père se voit ainsi confier l'entier aménagement d'un terrain vague à Rangueil, où il faudra faire élever une immense usine ultramoderne de haute technologie, qui devra accueillir bientôt plus de cinq cents personnes.

À lui de se débrouiller.

C'est de là que naîtra son amitié avec Pierre Baudis, maire de Toulouse et père de Dominique qui deviendra plus tard un ami.

Mon père n'a jamais eu peur de retrousser ses manches, loin s'en faut. C'est même plutôt quelque chose qui le motive. Maintenant que son entreprise de promotion immobilière tourne bien, il lui faut une nouvelle montagne à franchir. Mon père n'aime pas la morne plaine. C'est peut-être l'un de nos plus évidents points communs.

Et puis le site prévu pour cette usine Motorola est à Toulouse. C'est un argument de plus.

Mon père est fou de joie. Ma mère aussi. Quand nous apprenons la nouvelle, mes sœurs et moi, nous dansons autour de la table. Je suis si heureux de partir dans le Sud ! Je pourrais même dire de « repartir ». Car même si je n'ai pas de souvenirs de mes trois premières années, même si je n'ai pas « l'accent », je suis de là, je le sais, je le sens, c'est mon sol originel, j'en ai besoin, autant que de l'air que je respire. Une partie de mon histoire doit s'écrire là. La parenthèse parisienne se referme. Je ne sais pas encore que j'aurai bien plus tard d'autres cartes à jouer à Paris. Pour l'heure, je quitte la capitale au milieu de l'année scolaire, sans regret.

Sauf un, peut-être : l'odeur du pain de la boulangerie située à côté de la maison.

D'autres sensations m'attendent, je le devine, tout aussi appétissantes et surtout plus fortes. J'aurai douze ans cette année et je suis de plus en plus décidé à faire de chaque moment de ma vie un moment de bonheur.

En janvier 1967, nous nous installons dans un grand appartement en plein centre de Toulouse. J'entre en 6e au lycée Fermat. Trois mois plus tard, je suis le premier de ma classe. L'enseignement de Mme Monnet et mon trimestre à Montaigne n'y sont pas pour rien. J'ai un excellent niveau, des facilités. Je suis si heureux d'être à Toulouse ! Je retrouve le soleil, la sensation des vacances. Mais j'ai aussi le souvenir d'avoir beaucoup souffert, au début, d'être sans cesse traité de « Parisien ».

Notre appartement donne sur la Garonne, située dans l'axe des pistes de Blagnac, ce qui augmente mon intérêt déjà vif pour les avions. Je me plonge dans la lecture des *Chevaliers du ciel* en bande dessinée. *Buck Danny, Dan Cooper,* etc.

Mon père travaille énormément. Je le vois peu. Je sais qu'il remplit parfaitement la mission qui lui a été confiée. En un temps record l'usine Motorola est devenue l'un des pôles économiques importants de la ville, et mon père, qui a embauché des dizaines d'ingénieurs et qui dirige plusieurs centaines de personnes, devient une personnalité de la région. Il est donc naturel qu'il soit très pris et, parfois, « très fatigué », selon l'expression consacrée. Je n'y prête pas attention. Je ne réalise pas encore que mon père ne va pas si bien que ça. Sans doute l'image d'un père est-elle, dans notre inconscient comme dans nos préjugés sociaux, associée à la force. On refuse qu'elle ne le soit pas. On se raconte des mensonges. On se réfugie dans son propre monde. Un père doit être solide, rassurant. Indestructible même. J'ignore à quel moment j'ai vraiment compris que mon père ne correspondait pas à ce modèle de force. Assez tôt, je crois. Mais pendant des années j'ai fait comme si je ne le savais pas. Je vivais dans mon monde, extrêmement protégé, couvé par ma mère.

Ces années-là sont pour moi celles de l'insouciance, celles des ailes fixées sur mon vélo dans l'espoir de voler. Elles sont, je m'en aperçois aujourd'hui avec le recul du travail sur soi, celles du déni de réalité. Je suis un garçon flâneur, de plus en plus rêveur. J'ai une imagination sans bornes, des rêves que je crois tous réalisables. Je fais confiance à la vie. Et à ma bonne étoile. Ce qui doit se faire se fera. Je fournis le minimum d'efforts, persuadé que ça suffit, que je m'en sortirai toujours. Si bien qu'à la fin de la 4e, j'ai une mauvaise surprise : redoublement ! Je n'ai rien fichu de l'année !

Sur le coup, je suis terriblement vexé. Redoubler, c'est humiliant. C'est se retrouver avec des plus petits. Et avouer une sorte de défaite. Mais, comme à mon habitude, et sans m'en rendre compte, je retourne la situation à mon avantage. En effet, ce changement de classe me réussit plutôt bien. Parmi ces nouvelles têtes, certaines me sont d'emblée très sympathiques. Pour la première fois, j'ai enfin de vrais copains. Jacques et Olivier. Et très vite se crée une joyeuse petite bande qui ne me quittera plus. Pour le reste, j'ai tant de cousins ! Nous nous retrouvons le week-end à Forgues. Et, en hiver, je fais du ski. Les Pyrénées sont toutes proches. Je prends un car Fram le dimanche à 6 heures du matin, tout seul, et je rentre le soir à la maison.

À quatorze ans, mon rêve, c'est d'avoir une Mobylette. Mes parents s'y opposent. J'accepte leur décision sans broncher. Mais en moi, l'idée fait son chemin. Ce n'est pas ça qui va m'arrêter. Au contraire !

Ils ne veulent pas ? Très bien. Alors on va procéder autrement.

Quelque temps plus tard, je trouve sur le chemin du lycée, comme par hasard, une très belle Mobylette sur un trottoir qui semble abandonnée. Je n'hésite pas une seconde : le visage angélique, je l'apporte au commissariat de mon quartier.

« Bonjour, j'ai trouvé cette Mobylette dans la rue en bas de chez moi. Quelqu'un a dû la voler.

— Bonjour, petit. Merci beaucoup. Nous allons voir si le propriétaire se présente. »

Je connais la loi. Si dans un an et un jour personne n'est venu réclamer la Mobylette, elle est à moi !

Et, tous les jours, en revenant du lycée Fermat, je passe faire un petit coucou à mes amis gendarmes.

« Toujours personne pour la Mobylette ? »

Avec mon grand sourire, ils m'ont pris en sympathie. Et moi aussi d'ailleurs. J'ai pris l'habitude de discuter avec eux. Et au bout de deux mois à peine, la phrase magique que j'attendais tombe enfin :

« Allez, c'est bon. Tu peux la prendre, elle est à toi. »

Je rentre à la maison, émerveillé et victorieux. Devant ce signe du « destin », mes parents n'ont plus qu'à s'incliner. Pour moi, c'est le ciel qui a mis cette Mobylette sur mon chemin. C'est une évidence. Pas plus que les policiers, mes parents n'imaginent une seconde que le garçon bien élevé qu'ils ont sous les yeux vient de recevoir un sacré coup de pouce de « là-haut ».

Et que sous ses apparences lisses et douces, il ne supporte pas les ordres, déteste la contradiction, aime l’interdit (tellement excitant) et bouillonne d’une audace sans limites.

XXIII

À seize ans j'obtiens du premier coup mon permis moto. Tous les gros cubes dont je rêve sont désormais à ma portée, théoriquement bien sûr ! Un soir, après un tournoi de ping-pong endiablé chez des copains, je rentre, en sueur et torse nu, en roulant à toute vitesse à travers les rues endormies. Le lendemain, je suis plié au lit avec 40° de fièvre. Impossible de me lever pour aller au lycée. Le diagnostic du médecin appelé en urgence ne se fait pas attendre : congestion pulmonaire. Alitement forcé et repos obligatoire pendant six mois !

Normalement une telle nouvelle aurait pu, aurait dû, m'abattre. À seize ans, être privé de sortie pendant une si longue période, quand tous ses amis s'amusent, qu'il fait beau dehors et que le monde continue de tourner soudain sans vous : plus d'un aurait broyé du noir. En toute logique, il n'y avait aucune raison pour que je ne réagisse pas de la même manière. Surtout moi qui aime tant la nature, qui ai tant besoin de sentir le soleil sur ma peau ! Mais là encore, je choisis d'envisager la situation sous un autre angle. Finalement, tout est question de point de vue et d'interprétation. Six mois dans ma chambre, ça signifie aussi : ne plus se lever le matin, ne plus aller en classe ; lire tous les livres que je veux ; construire des maquettes d'avions et de motos ; être constamment bichonné, chouchouté. Et surtout avoir ma mère pour moi tout seul, tout le temps. Sans oublier qu'une congestion pulmonaire est vraiment la maladie « idéale ». On ne souffre pas le moins du monde !

Tout compte fait j'étais rudement content ! Et je n'imaginais pas combien cette longue convalescence allait m'être utile. Je ne soupçonnais pas qu'en fait elle déciderait de mon avenir et bouleverserait ma vie.

« Puisque tu dois rester dans ta chambre, nous avons décidé de t'offrir une radiocassette », m'annonce un jour mon père.

Une radio, rien que pour moi, chouette ! J'en rêvais. À la maison, s'il n'y a jamais eu la télé, en revanche la radio est omniprésente. Mes parents l'écoutent beaucoup. Essentiellement de la musique classique. Mais avec ma propre radio, dans ma chambre, je vais pouvoir écouter les programmes que je veux, et je suis très branché rock.

Mais c'est autre chose qui m'attend. Une après-midi, à 17 heures, je vis un véritable choc. Une révélation. Elle s'appelle « Radioscopie ». La célèbre émission de Jacques Chancel, très innovante pour l'époque. Le principe en est simple : une heure avec un invité.

En face : un homme qui, par ses questions habiles et respectueuses, ses silences aussi, parvient à confesser cet invité en créant une ambiance unique et captivante. Immédiatement je deviens un inconditionnel absolu. Tous les jours de la semaine, de 17 à 18 heures, tout s'arrête. Plus rien n'existe que « Radioscopie ». Dès que l'indicatif musical de Georges Delerue, la *Grande Valse,* démarre, ma mère sait que plus rien d'autre ne compte pour moi.

Je ne dois être dérangé sous aucun prétexte.

Je suis fasciné. Quel que soit l'invité. Et même quelles que soient ses réponses. La voix de Chancel m'envoûte, l'atmosphère complice qu'il réussit à faire naître chaque fois, la façon dont il arrive à rendre tout passionnant. Face à lui, n'importe qui est intéressant.

Quel métier extraordinaire !

Et lentement, jour après jour, à l'écoute de l'émission, s'esquisse une envie, un rêve fou : moi aussi je veux faire ça plus tard ! Moi aussi je veux faire ma Radioscopie à moi !

Dans ma chambre, pendant ces six mois d'immobilité, j'ai tout le temps de réfléchir à la question : quel est le métier que je souhaiterais faire une fois mes études terminées ? Jusque-là, je ne savais pas vraiment. C'était flou. Acteur ? Musicien ? Pilote de Formule 1 ? J'ai déjà compris que pilote d'avion, c'était trop compliqué, trop matheux. Et ce que je veux, c'est m'amuser et surtout n'avoir jamais l'impression de travailler.

Journaliste, ça me semble très bien. Mais je pressens que la presse écrite doit demander énormément de travail. Je n'ai qu'à regarder l'exemple d'un de mes oncles qui dirige *Les Échos*. Et puis à me rappeler la vie bien remplie d'Albert Pigasse. Néanmoins, pour m'en faire une idée plus précise, je me promets, une fois de retour au lycée, de fonder un petit journal.

Quant à la télévision, pour l'heure en tout cas, elle ne m'intéresse pas du tout. Je ne la regarde quasiment jamais. Pourtant j'aime les images. Au cours de mon long rétablissement, ma mère m'a également offert un appareil photo dont j'apprends à me servir jour après jour. Très vite, la photo devient une passion et je tapisse les murs de ma chambre de clichés en noir et blanc de mes sœurs, de mes cousins, de ma mère. De tous ceux qui me rendent visite et que j'aime. Passion qui ne s'est jamais démentie, encore aujourd'hui.

Mais je ne fais pas le lien entre la photo et la télévision. Il me semble que ce sont deux domaines très distincts. Je reste séduit par la radio, France Inter en particulier. Je découvre les voix de José Artur, Claude Villers, Patrick Poivre d'Arvor...

Le jour où je passe mon bac, en juin 1973, je commence mes révisions quinze jours avant. Et encore, parce que ma sœur Sophie me contraint à le faire. Elle me plonge la tête, de force, dans mes cours de chimie du matin au soir. Mon père m'a promis une récompense : 4 000 francs pour la mention « assez bien » ; 5 000 francs pour la mention « bien » ; 6 000 francs pour la mention « très bien ». Ma mère, elle, me dit une seule phrase, le matin même de l'examen :

« Soit vous l'avez, et c'est une excellente nouvelle ; soit vous ne l'avez pas, et ça n'a aucune importance. »

Sans enjeu, la pression disparaît. Ma mère sait apaiser mon inquiétude, cachée, sous mes allures de je-m'en-foutiste. C'est la meilleure attitude à adopter à mon égard. D'autant que j'ai seulement procédé par impasses. Un jeu dangereux mais tellement plus excitant.

J'ai 18 en chimie, d'excellentes notes en grec et en latin, et le bac avec mention.

Je n'en suis toujours pas revenu !

Avec mes parents, nous buvons du champagne pour célébrer l'événement. Je vais ensuite au cinéma avec des copains revoir pour la énième fois *Le Lauréat*, avec Dustin Hoffman, qui ne quitte pas l'affiche depuis cinq ans.

Avec les 5 000 francs paternels, j'achète une 125 Honda et je pars en Corse à la poursuite d'une fille dont je suis éperdument amoureux.

XXIV

Après le bac, j'entre à la faculté de droit et j'intègre simultanément Sciences-Po. À Toulouse, surtout pas à Paris ! Mon père aurait préféré me voir faire d'autres études, je le sais. Pourtant il ne dit rien. Peut-être a-t-il déjà ravalé les ambitions qu'il avait pour moi ? Il se plie bien moins que ma mère à mon caractère, mais depuis quelque temps nos affrontements sont de plus en plus rares. Sa santé morale se dégrade visiblement. Il s'enfonce peu à peu dans la dépression et ses séjours en clinique sont plus réguliers. La pression des Américains est forte. Mon père a du mal à tenir. Quoi qu'il arrive, et même si elle lui rend visite tous les jours, ma mère est toujours présente quand je rentre de cours.

Elle est toujours là pour nous, ses enfants.

À l'époque, je continue à ignorer le drame de mon père (qui est aussi forcément celui de ma mère) et à mener mon existence aveuglément. En droit, je me présente aux examens sans avoir suivi un seul cours. Mes copains font tous médecine ou des prépa grandes écoles type HEC. Je les retrouve en fin d'après-midi. Le samedi soir, nous fréquentons ensemble les mêmes gigantesques boums des milieux nantis. Ou bien nous partons en week-end, à moto, mais aussi au ski l'hiver ou à la mer l'été. Toulouse est une ville de rêve pour les étudiants que nous sommes, et nous en profitons pleinement.

Comme j'ai eu dix-huit ans au mois de mai, je suis appelé à Auch pour faire mes « trois jours ». À l'époque je n'ai pas encore songé à la coopération. Puisque je fais des études, l'échéance du service militaire est de toute façon repoussée. Je n'ai pas d'avis particulier sur la question. D'ailleurs, quand on nous demande qui veut être EOR (élève officier de réserve), à ma grande surprise je me retrouve le seul volontaire ! Je choisis les chasseurs alpins : si je dois faire l'armée, autant que l'expérience soit forte et puissante !

« Vous allez maintenant assister à une projection sur les effets des maladies sexuellement transmissibles. »

Et nous voilà tous, avec nos dix-huit ans tout frais et nos allures faussement déniaisées, devant des diapositives surréalistes, faciles à imaginer : un grand spectacle !

L'idée surgit à mon esprit en un éclair. À la fin de la séance, je parviens discrètement à m'emparer de quelques diapos.

J'ai bien préparé mon coup. Quelque temps plus tard, en cours de droit pénal en amphi, quelques intruses, soigneusement choisies et regroupées, se sont glissées parmi les diapositives que nous projette le professeur. Et impossible d'arrêter la machine qui ne cesse d'alterner en boucle des schémas de droit avec des photos de sexes malades, toutes plus monstrueuses les unes que les autres !

L'histoire a fait grand bruit. Pendant longtemps. Elle est restée, je crois, célèbre dans les annales de la fac de droit de Toulouse. Le coupable ne s'est jamais dénoncé. Il le fait aujourd'hui.

J'ai bien conscience de mes privilèges. Sur ce point, dès le lycée j'ai compris très tôt que je n'étais pas élevé de la même façon que mes petits camarades de classe. Tout le monde ne vouvoie pas ses parents. Tout le monde n'a pas suivi le Cours Hattemer. Tout le monde ne possède pas une grande propriété familiale dans l'arrière-pays, ni ne part en séjour, l'été, à l'étranger. Je le savais, j'étais un nanti. Toutefois je n'avais pas de complexes à appartenir à cette bourgeoisie : on ne choisit pas l'endroit où l'on naît, sa famille, sa classe sociale. Mais je ne m'en suis jamais vanté, je n'ai jamais été très fanfaron. Je n'ai pas plus considéré cette appartenance comme une gêne que comme une supériorité.

Quand je rentrais d'Angleterre ou des États-Unis début septembre, je n'en parlais pas aux autres élèves. Je savais que certains ne partaient pas du tout en vacances et, pendant que je roulais en Mustang décapotable au cœur de l'Arizona, eux passaient les deux mois de chaleur à Toulouse ! Alors je préférais ne rien dire.

Parmi les amis inoubliables de mon adolescence, il y a Jean Privat, le fils du célèbre libraire éponyme. Nous nous baladons la nuit au milieu des livres du magasin. Et, dans sa cave, nous sommes toute une bande à écouter à plein volume les derniers enregistrements de Led Zeppelin, Janis Joplin, The Who, Deep Purple, Alice Cooper, les Stones et surtout Creedence Clearwater Revival. C'est l'époque de Woodstock et de l'île de Wight. Mon premier disque, c'est *Obladi Oblada* des Beatles. Et la passion pour Paul McCartney ne me quittera plus. Mes parents me laissent une entière liberté. Ma mère part du principe que je dois apprendre par moi-même à devenir responsable. Ça doit venir de moi. Et la nuit où je la retrouve en train de m'attendre, assise sur une chaise de la cuisine, à 4 heures du matin, morte d'inquiétude après notre escapade à moto, elle n'a pas besoin de me dire un mot ! Je comprends la leçon immédiatement. Je ne veux pas lui infliger cela à nouveau. Il n'y aura pas de seconde fois.

Je ne suis pas un garçon méchant. Il m'arrive d'être un peu filou sur les bords. C'est vrai que je me suis inscrit à Sciences-Po pour ne pas complètement décevoir mon père. En réalité, je fréquente surtout la bibliothèque. Là, je fais semblant d'être absorbé dans la lecture du recueil des grands arrêts, juste pour écouter les filles chuchoter entre elles. Quant à la fac de droit, je n'y mets les pieds que la première semaine : afin de faire du charme à deux ou trois étudiantes pour qu'elles me recopient les cours au carbone ! Vrai aussi que j'aime bien attendre nonchalamment mes sœurs, sur ma 125 que je quitte rarement (j'ai passé le permis voiture parce que tout ce qui est nouveau m'intéresse, mais je préfère la moto), à la sortie du couvent de religieuses où elles sont élèves, et draguer toutes leurs jolies copines. De l'avantage d'avoir deux sœurs ! C'est de bonne guerre. Je n'en tire pas plus d'avantages que cela.

Je flottais dans ma bulle de chimères. Je prenais du bon temps. Insouciant, léger. *Obladi Oblada life goes on bra...* À la dernière minute, au bord du précipice, quand je n'avais plus le choix, je mettais un coup de collier et l'affaire était réglée : j'ai rédigé mon mémoire de Sciences-Po en catastrophe et suis sorti la première année major de ma promo ! De la même manière, j'ai obtenu sans problème ma licence de droit avec mention et j'ai fini Sciences-Po. Là encore, pour ne pas trop déplaire à mon père, j'ai accepté de suivre une préparation à l'ENA à Paris et de passer le concours.

Mais je savais déjà que je ne ferais jamais, au grand jamais, l'ENA et que je serais journaliste. Je venais de découvrir avec admiration et envie Michel Drucker à la télévision le dimanche après-midi, et suivais régulièrement

« Le Grand Échiquier ». Même si je préférais Jacques Chancel dans sa formule radio. Et puis il y avait l'échéance de l'incorporation qui se rapprochait. Bientôt, serait terminée mon enfance gâtée, ma jeunesse dorée. Il allait falloir commencer à affronter le monde.

C'est à ce moment-là que j'ai finalement opté pour la coopération.

XXV

Revenir en arrière, me replonger dans le passé, me forcer à analyser mon parcours… Et peu à peu se dessine le jeu ambigu des relations que j'ai entretenues au fil des ans avec mon père, contre mon père. Repoussoir et modèle à la fois. Admirer sa force de travail, son intégrité, sa discipline ; redouter ses principes et son sérieux ; prendre la direction diamétralement opposée à la sienne. Rompre. Faire ce que j'aime le plus : papillonner.

Après la fin de mes études et avant mon départ pour le Nicaragua je me suis dispersé entre la récolte du sorgho, les vendanges et la vente de lessives comme VRP à domicile. (Je n'en ai pas vendu une seule. J'ai arrêté tout de suite après une première démonstration catastrophique sur le canapé en faux cuir d'une dame outrée.) Puis j'ai passé quinze jours au Salon du Bourget pour accompagner un copain modéliste qui tenait un stand de maquettes. Je m'étais ainsi inscrit à un cours d'espagnol en vue de mon départ pour l'Amérique centrale, où je ne suis pas allé plus de deux fois. J'ai pris aussi des cours d'arabe littéraire et d'informatique. Je ne sais plus pourquoi ! Je ne sais même pas, aujourd'hui encore, allumer un ordinateur et je n'ai toujours pas l'intention d'apprendre.

À cette époque, l'un de mes oncles dirigeait une feuille de chou dans un quartier de Paris. Pendant quelque temps, j'ai travaillé pour lui, de manière tout à fait officieuse. Quand j'ai reçu mon premier chèque, au lieu de l'encaisser, je l'ai fait encadrer. Le week-end suivant, je suis redescendu à Toulouse. Et j'ai placardé ma première paie à la tête du lit de mon père !

Que signifiait ce geste, cet acte conscient et porteur sans doute de tant de troubles souterrains ? « Vous voyez, papa, moi aussi je suis capable de gagner de l'argent » ? « Je ne suis pas un incapable » ? « Cet argent ne compte pas pour moi, je vous l'offre » ?

Marque d'orgueil d'un fils prodigue ou dette incommensurable que je commençais seulement à payer ? La psychothérapie, peu à peu, allait me permettre beaucoup plus tard de décrypter, de comprendre tout cela.

Et tous ces souvenirs tournaient dans ma tête, revenaient à la surface, surgis des profondeurs de ma propre censure. Là où je les avais enfouis.

En 1990, au moment où la dépression me rattrape moi aussi, au moment où je sombre seul dans mon coin, à l'insu de tous, mon père a déjà franchi le point de non-retour. L'aventure Motorola s'est arrêtée pour lui à la suite de trop nombreuses « crises ». Il a été hospitalisé plus de trois mois. Il démissionne, mais une ultime chance l'attend. La loi sur la formation continue vient d'être votée : l'obligation pour les entreprises de verser 1 % de leur budget à cette fameuse formation continue. Ce sera sa porte de sortie : le recteur de l'université de Toulouse fait appel à lui. C'est ainsi que mon père, en deux ans, crée de toutes pièces le Point R (pour Rencontre), un vrai succès et une réelle innovation. Mais mon père est bientôt arrêté et déclaré en « longue maladie » par son psychiatre.

À partir de cette date, ses séjours en clinique deviennent chaque fois plus fréquents et plus longs. Il n'était bien que là-bas. Il ne supportait plus le monde extérieur. Alors on l'a installé dans une maison de retraite où, lui qui n'avait jamais particulièrement fait état de sa foi, lui si discret toute sa vie, s'est mis à rendre visite à tous ceux qui avaient besoin de réconfort et de compagnie. Je ne l'ai appris que le jour de son enterrement.

Dès que je revenais à Toulouse, j'allais lui rendre visite. J'avais déjà atteint une certaine notoriété. Je me demandais si mon père s'en rendait compte. S'il me prenait toujours pour un fantaisiste ou s'il avait un peu compris mon parcours, si peu semblable au sien. Je n'ai jamais osé lui poser la question. Nous n'en parlions jamais lui et moi.

Et puis un jour où j'étais resté seul dans sa chambre pendant qu'il était sorti pour un soin, j'ai ouvert par hasard le tiroir d'une commode : elle contenait des dizaines d'articles sur moi, découpés dans la presse et classés par année ! L'émotion m'a submergé. J'ai perçu dans ce non-dit de plus la métaphore de toute notre histoire, ces sentiments que nous taisions, cette fierté clandestine, jamais avouée, que nous éprouvions l'un pour l'autre.

Peut-être aurait-il fallu, ce jour-là, ouvrir nos cœurs, se parler enfin. Sortir à la lumière les archives poussiéreuses des années passées entre nous. Dans l'idéal, certainement. Mais rien n'est aussi simple dans la vraie vie. Trop de barrières, trop de pudeurs. J'ai vite replacé les coupures de presse où je les avais trouvées et, quand mon père est revenu, j'ai fait comme si de rien n'était.

Dans la loge de « Faut pas rêver », je pense souvent à mon père.

« Qu'est-ce que tu as ?, me demande Pernoud. T'en fais une tête ! »

S'il savait…

J'ai envie de tout envoyer balader et de partir loin, ailleurs, sur une île déserte. Mon pied me torture. Je voudrais tant pouvoir dire ma vérité, ne plus mentir, tout révéler. Mais je sais que personne ne comprendrait. La dépression, c'est quelque chose qu'on n'avoue pas, qui n'est pas admis. Tout ce que je gagnerais, ce serait d'être immédiatement remplacé. Je n'ai tout de même pas fait tout ce chemin, remonté ainsi la pente, pour perdre en quelques mots le fruit de tant d'efforts, de tant de souffrances !

« *Le Figaro TV* voudrait faire un article sur vous avec une photographe qui demande un rendez-vous », m'annonce mon assistante.

Encore une fois montrer l'image de l'animateur casse-cou et débordant de vie, amateur de sports à haut risque, rescapé miraculeusement d'un terrible accident de parapente. Les demandes de reportages photo se multiplient. Je ne peux pas refuser à chaque fois.

« Entendu. Quand elle veut. »

Ça me coûte tant de dire ça !

Quelques heures avant l'entrevue, qui a été fixée le lendemain en plein été à Forgues, je suis si mal que je me fais violence pour ne pas me décommander. Seule la bonne éducation classique que j'ai reçue me retient. On n'annule pas un rendez-vous à la dernière minute. Ce serait manquer de respect à l'égard de cette consœur que je ne connais pas et qui vient de loin pour me consacrer son après-midi. Alors je dois faire contre mauvaise fortune bon cœur. Je commence à avoir l'habitude des photos. J'ai une série de sourires déjà tout préparés. Je n'aurai qu'à les ressortir.

De son côté, la photographe, comme elle me l'avouera peu après, n'est pas plus réjouie à l'idée de me rencontrer. Photographier Sylvain Augier ? Quel ennui ! Le gentil présentateur que tout le monde aime bien. Pour elle, c'est une corvée dont elle espère se débarrasser en deux bobines.

Elle arrive effectivement de loin, entre deux avions, et débarque à la maison. Une très jolie brune, avec un grand sourire et des yeux à se perdre.

Et devant elle soudain je n'ai plus envie de tricher. Je ne peux plus. Carol.

Quinze jours plus tard, elle s'installe chez moi à Paris. Un an après, nous nous marions à Forgues.

XXVI

Après le 24 août 1988, après mon accident, j'ai compris que mon adolescence était terminée. J'avais essayé tous les jouets. Je m'étais brûlé les ailes. Renaître de mes cendres, c'était aussi accepter d'affronter une certaine gravité. Ma rencontre avec Carol repousse pendant quelque temps la dépression qui m'étouffe, elle en atténue les symptômes. En guise de cadeau de bienvenue, je lui offre son premier saut en parachute. Pour moi, c'est la première fois que je saute en chute libre depuis mon accident, comme un défi au vide. Nous recommençons à plusieurs reprises. Nous nous marions au cours de l'été 1992, à Forgues, un vrai mariage à la campagne, dans l'église où ma mère et toutes ses sœurs se sont mariées elles aussi. Carol fait également surgir très vite un nouveau désir chez moi : celui d'avoir des enfants, de transmettre l'amour de la vie. Je retrouve des couleurs.

Une émission avec Francis Huster sur France Inter, et surtout ma rencontre avec sœur Emmanuelle achèvent de me redonner goût à la vie. « Vous ne pourrez pas vous tromper, c'est la seule religieuse que vous verrez avec des baskets aux pieds », m'avait-on prévenu avant notre première émission. Je me revois ce samedi matin-là, devant les bureaux d'Asmaé à Paris, face à ce petit bout de femme aux yeux lumineux et à la vitalité indescriptible.

« Appelle-moi Madeleine. Tu m'emmènes ? »

J'étais sur mon scooter. Et je me suis retrouvé avec cette incroyable religieuse à l'arrière, à la voix chantante. Et aux baskets aux pieds.

« Tu vois, Sylvain, j'ai passé vingt ans au milieu des plus pauvres des pauvres. J'ai vu des mères perdre leurs enfants, j'ai vu la mort sans cesse séparer ceux qui s'aiment, la misère, l'injustice, la faim, la maladie. Et partout les gens souriaient. Ce que je ne comprends pas, Sylvain, depuis que je suis rentrée en France, depuis que je suis à Paris, c'est pourquoi ici où l'on a tout, on ne sourit pas. »

Les êtres passionnés nous rendent plus forts. Sœur Emmanuelle ne m'a plus quitté. Très vite, elle est devenue simplement « Madeleine », avec sa foi si particulière, son énergie hors du commun, sa petite « prière » du début d'après-midi (autrement dit la sieste), son téléphone qui sonne en pleine messe… Grâce à la radio, j'ai croisé le chemin d'êtres fabuleux, anonymes ou pas. Et chacun d'eux a joué, peut-être à son insu, un rôle déterminant dans mon existence, lors d'un cap difficile à passer, m'a retenu *in extremis* quand j'étais au bord du gouffre.

Bientôt Carol attend un enfant. Je ne peux être plus comblé par la vie. Garçon ou fille, peu importe, nous ne voulons pas savoir, « on n'ouvre pas les cadeaux avant Noël ». Dans le même temps, mes deux émissions radio et télé (j'ai arrêté ma rubrique sur Canal + dans « Nulle Part ailleurs » pour cause d'emploi du temps) marchent à merveille et m'apportent d'immenses satisfactions.

Et un jour, à l'occasion d'un projet d'émission aéronautique, j'ai enfin l'occasion de rencontrer celui que j'attendais depuis tant d'années : Michel Drucker.

Je suis si ému que j'en bafouille. J'aime tout chez Drucker : son professionnalisme, sa vraie gentillesse, son honnêteté, son trac fou avant de commencer à tourner. Comme je le soupçonne et le vérifierai rapidement, Michel est quelqu'un de rare, d'unique même, dans ce métier. Je crois que nous nous reconnaissons mutuellement. Entre nous quelque chose de très fort se crée. Un lien de confiance et de respect réciproque. Michel est alors une des plus grandes vedettes de la télévision. Il s'apprête à démarrer à 19 heures une émission quotidienne, un sacré pari qui se révélera payant, sur France 2, avant le journal de 20 heures, « Studio Gabriel », tournée dans le studio du même nom, sublime, spacieux, luxueux, au cœur de Paris.

Un rêve !

Quand Michel m'apprend que son studio est libre le mardi, j'en parle aussitôt à Georges Pernoud.

« Si nous enregistrons "Faut pas rêver" au Studio Gabriel, même les plus grandes stars viendront sur le plateau. »

Pernoud n'est pas très chaud. Il craint de donner un côté trop « paillettes » à l'émission, moins authentique. Il aime les vraies gens, les rencontres humaines. C'est tout à son honneur.

« C'est un magazine d'évasion, pas un talk show. »

Il a raison, mais je pense que nous avons tout à gagner en nous plaçant sous l'égide d'un « parrain » célèbre. J'insiste et fais des pieds et des mains pour que « Faut pas rêver » ne soit plus enregistré au fin fond de La Garenne-Colombes mais au Studio Gabriel, juste à côté de la Concorde.

Je finis par y arriver. Et, à partir de là, grâce à mon carnet d'adresses, les invités se font chaque semaine plus prestigieux. Personnalités du monde de la science ou du show-biz, français et même étrangers, se pressent à ma proposition, saison après saison, avec une audience toujours meilleure. De Ludmila Mikaël à Jean-Claude Killy, de Jean Reno à Jodie Foster… qui n'est pas encore venu à « Faut pas rêver » ?

Manon voit le jour en octobre 1993. En ma présence. Pendant que l'on s'affaire autour de Carol, je pose son petit corps sur mon ventre et m'endors avec elle. Il me semble que pour moi aussi c'est une nouvelle naissance. Une de plus. Une résurrection. Quelques mois après j'achète une grande maison des années trente dans le parc de la Malmaison. Elle n'était pas en vente, plutôt en ruine et abandonnée depuis quarante ans, mais j'ai eu le coup de foudre. J'ai retrouvé le propriétaire en Syrie et réussi à le convaincre. Le temps était peut-être venu, me suis-je dit, de m'installer vraiment quelque part, de poser pour de bon mes valises.

Cependant le mal est bien en moi et il progresse chaque jour. Je ne pense qu'à une chose : que personne ne découvre ce que je vis. Je préfère me taire et me cache pour avaler des médicaments par poignées. Je sombre dans le sommeil avec des flacons entiers. Pour disparaître du monde. Et pour réapparaître. Je ne sais plus faire sans. C'est une spirale infernale. Je trouve toujours des médecins complaisants pour me fournir des ordonnances.

Tout le monde attribue l'étrangeté de mon comportement au stress, à la pression, au caractère très particulier de ce métier pas comme les autres. Il me semble que Dieu m'a quitté. Je ne le vois plus.

« J'aimerais bien que tu fasses une rubrique chez moi, dans "Studio Gabriel". Ce que tu veux. Tu aurais une idée ? », me lance un jour Michel Drucker.

Miracle ! Travailler avec Michel, pour Michel, c'est un rêve de toujours. Je n'en crois pas mes oreilles. Et puisque c'est fou, je lui propose sans réfléchir un truc encore plus fou :

« Bien sûr. Pourquoi pas la France filmée et commentée d'un hélicoptère ? »

— Bonne idée ! On démarre quand ?

— Tout de suite ! Laisse-moi tout organiser, tout produire. »

Ça y est ! Un de mes désirs les plus chers va voir le jour, et je vais pleinement réaliser le troisième vœu que j'avais formulé sur mon lit d'hôpital : l'hélico qui m'a sauvé la vie jouera désormais un rôle capital dans mon existence.

C'est ainsi que naissent les reportages hebdomadaires de « La France vue du ciel ». Ils seront ensuite rassemblés dans une collection de cassettes vidéo, puis pendant longtemps diffusés sur la chaîne Voyage, et encore plus tard dans un DVD. C'est ainsi que, grâce à Frank Arrestier, mon instructeur et ami, naît ma complicité avec Bruno Cusa, extraordinaire réalisateur d'images aériennes, et que s'approfondit celle qui me lie à Michel Drucker. Au point que les deux seuls jours de sa vie où il ne sera pas en mesure d'assurer son émission (lors de la mort de sa mère), c'est à moi qu'il demandera de le remplacer.

À ces deux occasions, je me rendrai compte à quel point il est difficile d'être « Michel Drucker » !

La rubrique hélico de « Studio Gabriel » remporte un grand succès et contribue à me faire connaître davantage. D'autant plus que

Michel en profite chaque fois pour faire le lancement de « Faut pas rêver » :

« Et qui recevez-vous, cher Sylvain, cette semaine, dans votre émission ? »

Un coup de pub énorme ! « Faut pas rêver » est alors programmé le vendredi soir après « Thalassa », le magazine de Georges Pernoud. Une grande soirée d'évasion sur France 3 qui fait carton plein.

Je m'efforce d'être sur tous les fronts, dissimulant ma détresse morale, ma souffrance physique, mon effondrement psychique et mon addiction aux médicaments.

Au cours d'une émission, j'ai rencontré la voyante Yaguel Didier qui m'a beaucoup impressionné. Elle a accepté de me recevoir ensuite en consultation privée, ce qu'elle ne fait pratiquement plus. Sa présence dans ma vie me fait du bien. Ce qu'elle me dit me rassure. De temps à autre, je consulte aussi deux autres voyantes qui complètent ses prédictions et m'apaisent.

C'est l'une d'elles qui me raconte cette anecdote :

« Un homme à cheval traverse au galop un village en demandant à tous ses habitants : "Vous n'avez pas vu un homme sur un cheval au galop ?" Il ne se rend pas compte que l'homme qu'il poursuit, c'est lui. »

Une réflexion qui me fait méditer.

XXVII

1996. « Faut pas rêver » est à l'antenne depuis six ans. Saison après saison, le succès ne se dément pas. Au contraire, l'émission ne cesse de gagner en notoriété. La presse de tous bords salue unanimement la qualité du programme qui, en dépit de son titre et de mes réserves initiales, fait bien « rêver » le public. Les reportages de la presse écrite sur ma famille et ma vie privée se multiplient. Cela fait partie du jeu, je crois.

Carol a donné naissance à un deuxième enfant, un garçon cette fois, que nous avons appelé Hadrien. Sur les photos, entouré de ma femme, mon fils et ma fille, le visage radieux, j'apparais comme un papa comblé, un homme heureux, sain de corps et d'esprit, qui un jour a échappé de peu à la mort et savoure désormais la vie avec délices. Une sacrée victoire sur la douleur et la mort !

On me présente également comme un gosse incorrigible qui continue malgré tout de s'amuser dès qu'il en a l'occasion et a toujours l'air de se divertir. Pilotant un hélicoptère avec Michel Drucker, sautant en parachute avec Jean-Paul Belmondo, ou assis sur une route de San Francisco devant un énorme 4×4. D'ailleurs, dans les interviews, à la question « Quel père est-il ? », Carol prend très vite l'habitude de répondre qu'elle a l'impression d'avoir « trois enfants à la maison ».

En quelques années, je suis devenu l'un des animateurs qui a acquis une cote certaine auprès des téléspectateurs, l'éternel sourire aux lèvres, les yeux brillants d'enthousiasme, l'émerveillement au bout des mots.

Épanoui dans sa vie publique comme dans sa vie privée.

Bien sûr, c'est la vérité. Mais incomplète. Le reste constitue ma part d'ombre. Moi seul la connais. Et je la dissimule farouchement, même à ma propre épouse.

Car derrière les photos, la réalité est tout autre. Je souffre le martyre à cause de mon pied. Les antidouleur que je prends à haute dose ne suffisent plus. Ils ne produisent plus d'effet. Et je n'ai pas la force d'aller chercher en moi de quoi résister.

Si les gens savaient ! Personne ne soupçonne que je suis rongé de l'intérieur, que je me consume à petit feu. Que je tiens seulement grâce aux antalgiques que j'absorbe à longueur de temps. Vis-à-vis des téléspectateurs et des auditeurs, je n'ai pas l'impression de tricher. Je fais mon travail, j'assume ma tâche. On ne peut rien me reprocher. Quant à mes collaborateurs, ils ne s'étonnent plus vraiment de me voir, pendant les pauses, m'endormir si facilement dans un coin, sur un fauteuil, à n'importe quelle heure du jour. C'est un aspect un peu excentrique de ma personnalité qui les amuse. Ils ne soupçonnent pas combien le sommeil est pour moi une fuite, un refuge.

En fait, celui à qui je mens le plus et avant tout, c'est à moi.

Et quand le soir, en rentrant à la maison, je me précipite dans ma chambre sans même un regard pour ma femme ou pour mes enfants, parce qu'il faut avant tout que j'avale mes médicaments, je me persuade que ce n'est pas grave. Ça ne durera pas. Pas grave, non. Une mauvaise passe. Pas grave… Pas grave… Grave…

Un peu avant l'été, le producteur du célèbre jeu animé pendant si longtemps par Philippe de Dieuleveult, « La Chasse aux trésors », me contacte. Je l'avais déjà rencontré quelques années auparavant, quand Philippe était alors au faîte de la gloire et l'émission à son apogée. Je me souviens très bien de ce que je lui avais dit à l'époque :

« Si un jour Dieuleveult arrête, moi ça m'intéresse ! »

Philippe a disparu en août 1985 au Zaïre. L'émission s'est arrêtée. Le producteur a décidé de la relancer l'été, avec un concept à peu près identique : deux hélicoptères, deux candidats qui courent et un animateur en studio (à l'époque Dieuleveult se trouvait, lui, sur le terrain, à l'étranger).

Je suis tenté. D'autant plus qu'il ne me déplaît pas de charger encore davantage, s'il est possible, mon emploi du temps. Mais j'impose à la production une condition non négociable : je ne veux pas être en studio. Je veux être aussi dans un hélicoptère. Je persiste à vouloir me faire plaisir. À faire un pied de nez à la douleur et à la dépression.

L'hélico bleu pour le candidat. Le rouge pour la candidate. Le blanc pour moi et la Wescam. Et au-dessus, l'hélico invisible du relais son. Quatre engins superbes, donc, pour une émission à gros budget intitulée « La Carte aux trésors ». Une douzaine de caméras embarquées et une régie son ultrasophistiquée. Une équipe formidable qui prépare tout pendant des semaines et accomplit un repérage exemplaire. Ensuite, si tout va bien, deux jours et demi de tournage, huit à dix heures par jour en vol, difficiles, dangereuses parfois, exténuantes, et enfin une demi-journée face à l'hélico qui me filme dans des endroits spectaculaires. Trois semaines de montage image et une semaine de montage son pour reconstituer deux heures d'émission en faux direct.

Et toutes les émissions sont bouclées pour les deux mois d'été.

« La Carte aux trésors » cartonne dès la première saison. 4,5 millions de téléspectateurs de 7 à 77 ans. Une couverture médiatique incroyable. L'émission est déjà reconduite l'été suivant. J'apparais simultanément pendant les mois de juillet et août avec les rediffusions de « Faut pas rêver ». Je ne quitte pas l'écran de tout l'été.

Fort de cette réussite, empli d'énergie, je décide d'arrêter « Rendez-vous, vous êtes cernés », l'émission que j'anime tous les samedis depuis six ans sur France Inter, pour me consacrer, à la demande de Patrice Duhamel, à une émission quotidienne sur la même radio : « On ne vit que deux fois », du lundi au vendredi de 11 à 12 heures. Après les centaines de personnalités que j'ai interviewées toutes ces années, j'ai envie de donner la parole à des anonymes, des gens comme tout le monde, qui ont réussi à surmonter des épreuves apparemment infranchissables et se sont octroyés une seconde naissance, ont donné à leur vie une dimension altruiste. Je me rapproche des auditeurs et de mon histoire personnelle. Je voudrais transmettre mon expérience. Et je cherche sans doute également à exprimer, par les mots des autres, ce que je ressens au plus profond, la capacité de rebondir, l'espoir d'une existence meilleure, plus sereine, plus juste, plus forte, après l'épreuve.

Voilà pour la théorie. Pour les bonnes intentions.

Dans la réalité, cette multiplication d'activités est une échappatoire, une cavalcade effrénée droit devant moi. Je galope comme un fou, à la poursuite de moi-même.

« Faut pas rêver », France 3.
« La Carte aux trésors », France 3.
« Studio Gabriel », France 2.
« On ne vit que deux fois », France Inter.
Que se passera-t-il si un jour tout s'arrête ?
L'homme à cheval, c'est moi.

La douleur me hante, me dévore, m'obsède jour et nuit. Je ne sais plus comment, par qui, j'entre en contact avec un médecin anesthésiste sympathique et compréhensif. Quand une rencontre doit se produire, elle se produit. Pas besoin de beaucoup la chercher, elle vient d'elle-même jusqu'à vous au moment où cela doit arriver. Au moment où il ne peut en être autrement. Impossible de l'éviter. La proie n'échappe pas indéfiniment à son prédateur.

Le mien était en blouse blanche. Il travaillait, disait-il, dans un centre antidouleur sur une grande avenue parisienne.

Par téléphone, je lui ai raconté mon histoire, mon pied, les opérations successives, les greffes, les infections, la souffrance, épouvantable et incessante, mon accoutumance aux médicaments, leur inefficacité. Il a compati avec une grande sincérité dans la voix.

« On n'a pas le droit de souffrir ainsi inutilement. C'est inhumain. On ne peut pas demander autant à son propre corps. Ne vous inquiétez pas, j'ai ce qu'il vous faut. »

Et il m'a donné rendez-vous le lendemain à 6 heures du matin.

XXVIII

L'anesthésiste me rappelle quelques minutes plus tard.

« Le centre est en travaux actuellement. Retrouvez-moi plutôt dans ma voiture un peu plus loin.

— Pas de problème. À demain. »

Sur le coup, j'ai tellement eu peur qu'il annule notre rendez-vous que j'en tremble en raccrochant ! J'irais le retrouver au bout du monde s'il le fallait ! C'est une telle lueur d'espoir soudain. Je me doute bien que le produit qu'il va me proposer ne doit pas être très « légal ». Il n'existe pas de solution miracle. C'est peut-être quelque chose qui est interdit en France mais autorisé dans d'autres pays ? Je devine que ça risque de me coûter cher. Qu'importe ? Je suis à bout ! J'ai si mal, depuis tant d'années !

Le lendemain, aux aurores, je me lève sans trop de problème (pour une fois !), et j'arrive avec un bon quart d'heure d'avance à l'endroit en question. J'ai menti à Carol. Je lui ai sorti un horrible bobard sur un de mes collaborateurs qui avait de gros ennuis et que je devais voir de toute urgence. Mentir, c'est faire le premier pas dans l'engrenage, dans le cercle infernal. J'en ai à peine conscience. Ce dont je me rends compte aujourd'hui, c'est que ce cap, je l'avais franchi depuis longtemps. Mais à ce moment-là, je suis focalisé sur mon pied, sur mon mal. C'est une fixation. Je ne parviens plus à penser à autre chose. Sauf quand je travaille. Et c'est pourquoi je travaille autant.

L'anesthésiste est un homme chaleureux. Il me fait monter dans sa voiture et m'écoute en hochant la tête d'un air doux et rassurant.

« Je peux vous faire une injection de Sufenta, de la morphine de synthèse. Avec ça, dans la seconde, vous n'aurez plus mal du tout », m'explique-t-il, comme si c'était la chose la plus simple au monde.

Plus mal du tout ? Instantanément ? Qui résisterait à une telle proposition ? Pas moi en tout cas. Je n'en suis pas capable. Plus dans l'état où je suis. Aussitôt je remonte la manche de ma chemise et tends le bras vers la seringue que prépare déjà mon sauveur.

L'effet est immédiat. Tout disparaît brusquement comme par enchantement, et pas seulement la douleur physique mais aussi l'angoisse que je traîne, l'ensemble de mes symptômes dépressifs. Je me sens bien, la tête légère. Ça ne m'est plus arrivé depuis des années. C'est un miracle ! Je voudrais embrasser l'homme qui se tient à mes côtés.

« Combien je vous dois ? »

« Rien du tout. Vous étiez dans une telle détresse… »

« J'insiste. »

« C'est hors de question, je vous en prie. »

Et il me sourit.

Je prends congé de lui après m'être confondu en remerciements. J'ai l'impression d'avoir des ailes. Je suis sur un nuage.

Quelques années plus tard, un ami médecin-anesthésiste m'apprendra que le Sufenta est en réalité quatre-vingts fois plus puissant que la morphine. On ne l'utilise qu'en des cas extrêmes, pour soulager certains cancéreux en phase terminale ou encore pour anesthésier de très graves accidentés, sur lesquels des opérations très profondes doivent être pratiquées. Son utilisation est strictement réglementée, et seul le laboratoire central de Paris est légalement habilité à le délivrer, ampoule par ampoule, numérotées.

Pendant trois jours, je suis dans une forme éblouissante. Rien ne me résiste. Autour de moi, mon équipe, qui me croit (à raison d'ailleurs) un peu cyclothymique, savoure avec bonheur cette phase d'euphorie. Seule Nanou, ma cousine adorée qui m'a rejoint depuis quelques années, n'est pas dupe. Je lui dois d'avoir pu tout traverser avec tant de chance et de bonheur. Sa présence est un cadeau inestimable de chaque instant. Je retrouve des plaisirs simples, je joue avec mes enfants. La vie m'apparaît sous un nouvel éclairage. Un véritable « paradis ».

Seulement, très vite, trop vite, les bienfaits de la morphine de synthèse s'estompent. La douleur revient en force, plus écrasante qu'avant et, avec elle, tout le reste : anxiété, mal-être, accablement.

Je rappelle l'anesthésiste.

Il me redonne rendez-vous dans sa voiture.

La deuxième injection me ramène immédiatement au pays des merveilles.

L'anesthésiste refuse toujours que je le paie.

« Pensez-vous, c'est un service. »

Je crois aux apparitions, à la générosité désintéressée. Grâce à la morphine de synthèse, mon corps est à nouveau mon allié. Je me sens tout-puissant. Je ne réalise pas que cette force est artificielle, fragile, précaire. Je persiste à ignorer le caractère anormal de ces rencontres. Leur danger. Je ne pense qu'à la douleur qui s'en va, que j'ai l'impression d'avoir vaincue.

Petit à petit, les effets des injections durent moins longtemps. Chaque fois moins longtemps. Il me faut des doses plus fortes, et plus fréquentes.

C'est le principe de l'accoutumance. Bientôt je m'aperçois que je ne peux plus vivre sans mes injections de morphine de synthèse. L'anesthésiste le sait. C'est le moment qu'il attendait. Un jour il me tient un discours différent :

« Ça devient compliqué pour moi de me procurer le produit au laboratoire central des hôpitaux. Je prends des risques. Je vais devoir vous demander une contribution. »

Je n'ai plus le choix. Je suis pris au piège, accroché. Il est trop tard pour arrêter la machine. L'idée de souffrir à nouveau, de ne plus avoir ma dose est tout bonnement inconcevable. Je ne pense qu'à ça. M'injecter la morphine dans le corps et sentir la quiétude, la paix m'envahir. Plus rien ne compte. Je mens sans arrêt, à tout le monde. Le « manque » est affreux, insoutenable. Pour le corps comme pour l'esprit. C'est chaque fois comme une réplique à la dépression. Et personne ne peut plus rien pour moi.

Sauf cet homme, là, avec ses ampoules de morphine de synthèse.

« Attendez-moi, je vais au distributeur de billets. »

Lors de la rencontre suivante, l'anesthésiste me montre comment me faire moi-même l'injection en quatre fois, en plusieurs jours, pour que l'ampoule dure plus longtemps. Dans la peau, pas dans la veine. J'apprends vite. Le problème, c'est que je commence à avoir les bras couverts de bleus. Quelqu'un, dans mon entourage, pourrait s'en apercevoir. Mais mon obsession est telle qu'elle occulte tout autre sentiment, même la prudence élémentaire, les précautions de base. Je m'efforce juste de cacher mes bras à Carol qui, si elle soupçonne quelque chose, pour le moment ne dit rien.

Je cours d'une émission à une autre. J'ai perdu la foi. Seules les voyantes que je consulte de temps en temps me rassurent un peu. Elles viennent insérer une dimension invisible dans la réalité peu réjouissante qui est la mienne. Je sais ce que je suis devenu : un drogué. Je me trouve minable. Un imposteur !

Et j'ai compris surtout, mais trop tard, à qui j'avais affaire, les rendez-vous dans la voiture, le centre soi-disant en travaux, la « gratuité » des premières doses. Tout faisait partie de la stratégie : mon « sauveur » est ni plus ni moins un dealer en blouse blanche.

XXIX

En six mois, je suis à six ampoules par semaine et j'ai dépensé ce qui représente pour moi une véritable fortune.

J'ai arrêté la radio. Je trouvais l'ambiance de la Maison de la Radio déprimante. Tout m'était devenu insupportable. Et pourtant, au fil des ans, j'avais fini par devenir un des animateurs vedettes de France Inter. Pour ma dernière émission, on m'avait tout accordé : une belle augmentation de salaire, deux journalistes, deux productrices, deux assistantes, un secrétaire. J'étais allé au bout de mon rêve. J'avais de toute façon fait le tour des locaux du troisième au cinquième étage, connu différents directeurs d'antenne, essayé toutes les émissions dont j'avais envie, reçu des centaines d'invités. Quand Patrice Duhamel quitte la direction pour aller diriger France 3, je tire ma révérence après seize ans de bons et loyaux services.

Sur le moment, je ne me rends pas compte des implications de ma décision. Les événements passent sur moi sans m'effleurer.

La morphine est à présent au centre de mon monde, est tout ce qui m'importe.

Dans le même temps, sur France 2, Michel Drucker me propose d'étendre ma rubrique hélicoptère à d'autres domaines. Trois ans déjà que je survole la France de long en large avec mes deux amis Frank et Bruno. Il faut se renouveler et varier les plaisirs. C'est ainsi que naît « C'est aujourd'hui demain », rubrique que je produis et présente le dimanche à 19 heures sur France 2, au sein de la nouvelle émission de Michel intitulée « Drucker & Co ». Le principe est simple : essayer avec mon copain réalisateur Éric Magnan les engins les plus fous, des avions de voltige en patrouille serrée aux hélicoptères, en passant par les Mirage 2000, la plongée, etc. Un vrai cadeau qu'offre Michel à l'enfant gâté que je suis. Je laisse libre cours à tous mes délires et rencontre des gens passionnants et passionnés, tel Henri-Germain Delauze, créateur de la Comex, inventeur du Remora 2000, un mini-sous-marin conçu pour la recherche d'épaves. J'assouvis ma curiosité et la fais partager aux autres. Je vole en apesanteur dans une cabine d'Airbus. Voler, c'est échapper à la réalité, sublimer la réalité. Atteindre une sensation de liberté, de légèreté inégalée. La rubrique s'envole elle aussi. À l'écran j'ai tellement l'air de m'éclater ! Mon enthousiasme est communicatif.

Mon enthousiasme de synthèse.

Mais ça, personne ne le sait.

Il m'arrive d'appeler l'anesthésiste en pleine nuit. Il est toujours disponible. Toujours prêt à me recevoir au plus vite. La plupart du temps désormais, il me donne rendez-vous dans des cliniques bizarres, en banlieue. Je ne comprends pas très bien de quoi il s'agit, ni ce que lui y fabrique exactement. Cela m'est égal. Je m'y rends à l'aube. Comme un dément, je roule à tombeau ouvert. J'arrive à 6 heures du matin, hagard, rongé d'impatience. Je me shoote dans les toilettes de la clinique ou dans celles, sordides, du premier troquet venu, avec ses ivrognes déjà accoudés au bar, ses lumières blafardes, ses murs sales et glauques. À présent je me pique carrément sous la langue. J'ai trop de bleus sur les bras. Et puis l'effet est encore plus instantané.

Je ne suis plus dans mon état normal. Je suis en train de devenir fou. Je passe mon temps à mentir à tout le monde. Je ne regarde même plus mes enfants. Je me cache de ma femme qui me trouve de plus en plus étrange et inquiétant. Mon attitude commence à l'alarmer sérieusement. Elle me croit surmené, stressé. Je me bourre de médicaments de toutes sortes pour disparaître au monde autant que pour réapparaître quand vraiment il le faut, quand je n'ai plus le choix et que je dois affronter la caméra ou piloter un hélicoptère.

C'est à ce moment-là, alors que je ne suis plus qu'une ombre qui tient debout à coups d'injections et de comprimés de tout acabit, alors qu'il me semble être juste désormais une sorte de pantin articulé, manipulé de tous côtés, un robot docile et alimenté au besoin par des substances illicites, que « Faut pas rêver » emporte le 7 d'or du « meilleur magazine d'évasion » et moi celui du « meilleur animateur culturel ».

Deux 7 d'or ! Pour l'émission, pour la chaîne, pour la production, c'est une très belle consécration, une reconnaissance capitale. Après sept années d'existence, le petit programme auquel si peu de gens croyaient (moi le premier, je l'avoue) obtient ce qui constitue, en matière de télévision, la récompense suprême.

Mais ces récompenses ne me font ni chaud ni froid. Pour moi, le public a la priorité sur le reste. Depuis le début. Ce n'est pas un 7 d'or qui va changer quoi que ce soit.

J'éprouve en revanche une terrible angoisse à l'idée du prochain tournage de « La Carte aux trésors ». La production a en effet décidé de réaliser trois émissions dans le Sud marocain.

Ce qui signifie plusieurs semaines sans pouvoir me réapprovisionner en morphine, et la nécessité de prendre avec moi des dizaines d'ampoules. Comment faire pour que personne ne découvre mon terrible secret ?

XXX

La veille du départ, je suis dans un état d'angoisse épouvantable, asphyxié, presque paralysé.

« Mais qu'est-ce que tu as, bon sang, à la fin ? », me lance Carol à brûle-pourpoint.

« Rien, rien. »

« C'est faux. Je ne te reconnais plus. Plus personne ne te reconnaît, Sylvain. Ça fait un bon moment que tu n'es plus toi-même. Regarde-toi. Tu es livide, on dirait que tu vas au peloton d'exécution. Quel est le problème ? »

Je tente de nier l'évidence. Je bredouille des explications confuses sur des tensions professionnelles, une fatigue générale. Carol ne me croit pas. Elle sent, elle sait que je mens. Il y a quelque chose que je ne veux pas avouer, j'en suis incapable. Quelque chose que je tais délibérément.

« Tu ne parles plus, tu ne vois plus rien autour de toi, tu es complètement replié sur toi-même, tu as une tête épouvantable. Tu as l'air d'être en danger de mort. Ça ne peut plus durer ainsi. Que caches-tu, Sylvain ? Que se passe-t-il ? C'est comme si tu partais au supplice, comme si tu n'allais jamais revenir du Maroc ! J'ai peur pour toi, pour nous ! »

Carol a raison. Je suis un condamné à mort. Je me suis bandé les yeux moi-même, me suis passé la corde au cou tout seul. Je ne réagis plus à rien. Moi qui ai survécu à un accident terrible. Moi qui ai échappé à la mort plusieurs fois. Moi qui ai toujours refusé la fatalité, qui n'ai jamais flanché, même dans les épreuves les plus dures, vais-je me laisser abattre comme ça sans rien dire ? Ça ne me ressemble pas ! Ce n'est plus moi ! Où est le garçon qui rêvait sa vie et s'émerveillait de tout ? Celui qui croyait en Dieu et s'émouvait de bonheurs simples, qui ne manquait jamais une occasion de jouir de l'existence, même dans les situations les plus délicates ? Que sont devenus mes rêves d'enfant ? Que suis-je devenu ?

Le cri d'alarme de Carol me secoue brutalement. C'est un coup de fouet. Je suis en train de crever ! Je crois lutter contre la douleur, mais en réalité le combat est bel et bien perdu. Je suis vaincu depuis un moment, depuis que j'ai commencé à m'injecter cette saloperie de morphine de synthèse, il y a presque un an maintenant. Elle me pompe, annihile ma volonté, aspire ma force, supprime tout jugement, tout bon sens. Comme un poison lent, elle court constamment dans mes veines, distille son venin et, alors que je voudrais me persuader qu'elle me rend plus fort, elle ne cesse de m'affaiblir. La drogue est un mensonge, une illusion dangereuse, délétère. Elle détruit tout ce qu'elle touche. Ce n'est plus seulement moi qu'elle meurtrit, mais mes proches, mes intimes, ceux qui m'entourent et m'aiment. Ceux à qui je fais du mal sans m'en rendre compte.

J'avoue tout à Carol. La dépression, la résistance à la douleur fissurée au fil des ans, la perte de la foi, de la confiance, de l'estime de soi, l'illusion des caméras, de la notoriété, l'engrenage infernal, être obligé d'assurer, toujours, quoi qu'il arrive, l'effondrement intime, secret, honteux, solitaire, nié. Et puis soudain l'apparition angélique, divine, cet homme en blouse blanche sorti du néant, qui supprime le mal, l'angoisse. Docteur miracle.

Et Mister drogue.

Je n'ai plus aucune force dans ma tête pour résister. Je sais que je suis en train de me foutre en l'air, de mourir à petit feu, je ne peux pas m'en sortir, je suis piégé, fichu ! Sans mes ampoules, j'ai peur de tout, je ne sais pas comment je vais faire au Maroc. Comment vais-je tenir sans craquer, sans me dévoiler ? On va nécessairement s'apercevoir de quelque chose.

J'avais réalisé mes rêves et j'ai tout gâché !

« Où sont-elles ? Où les as-tu cachées ? », demande Carol au terme de ma longue confession.

« Quoi ? »

« Tes ampoules, tes seringues. »

J'hésite. Je connais la violence dont Carol peut être capable. Mon matériel de drogué est dissimulé dans les toilettes, derrière le rebord de la fenêtre. Je me suis préparé une sorte de kit de voyage pour demain. Tout est là.

« Au bureau.

— Je ne te crois pas. »

Carol me regarde droit dans les yeux, me fixe sans ciller. Je baisse la tête. Sans un mot, elle entreprend de fouiller la maison. Méthodiquement, scrupuleusement, pièce par pièce.

« Ce n'est pas la peine, je te dis que ce n'est pas là. »

Elle ne fait aucun commentaire mais continue de chercher. Je la suis pas à pas, coupable, terrifié à l'idée qu'elle découvre ma cachette. Que ferait-elle alors ? Je ne peux pas concevoir de partir demain sans rien ! Dans le même temps, une petite voix au fond de moi me conseille de la laisser faire. Carol se dresse peut-être sur mon chemin pour arrêter ma chute ? Du moins la freiner ? Qui, à part elle, le pourrait ?

Quand elle arrive près des toilettes, elle remarque ma nervosité grandissante. Elle pressent qu'elle touche au but. Intuition féminine !

Évidemment, elle ouvre la fenêtre.

Évidemment, elle trouve tout.

Dans ses mains, ampoules et seringues semblent des jouets d'enfant en plastique, confisqués à la suite d'une grosse bêtise.

Et soudain ce geste brutal, imparable.

Elle jette tout dans la cuvette et tire la chasse d'eau.

Toutes mes réserves ! C'est comme si on avait débranché d'un coup la machine qui me maintenait artificiellement en vie.

« Tu peux appeler la production et dire que j'annule tout. Je ne pars plus, je finis par balbutier en m'asseyant sur le canapé, effondré.

— Tu n'annules rien du tout et tu pars demain. Il n'est plus question que tu touches à cette merde. Tu vas t'en sortir. Ça va être dur pendant quelques jours, mais il faut que tu tiennes bon. Tu seras dans l'action, en tournage, l'esprit occupé, ton corps va se défaire de ce lien qu'il a noué avec la drogue. Et tu seras délivré. Un jour tu me remercieras. Tu dois le faire. Si ce n'est pour toi, au moins pour tes enfants. »

Je prends ma tête entre mes mains. Je n'y arriverai pas. C'est impossible ! Quand la douleur, atroce, insoutenable, reviendra en force dans mon pied, dans tout mon corps, comment vais-je faire, comment vais-je pouvoir lutter ?

XXXI

J'ai emporté avec moi tous les antalgiques qui me restaient. Sur ce point, Carol n'a rien dit et m'a laissé faire. Avant que je parte, elle a fouillé mes bagages et les vêtements que je portais. Le soupçon s'est installé entre nous. J'ai brisé sa confiance.

« Si tu recommences, je te quitte ! » menace-t-elle.

Allez Sylvain, ça passe ou ça casse ! De toute façon, fallait que ça s'arrête. On va voir s'il me reste encore quelque chose dans le ventre. Un fond de résistance.

J'ai une peur panique de la suite.

À Meknès, pour la première émission, je tiens le coup. J'avale des calmants par poignées. À ce train-là, d'ici quelque temps il ne m'en restera plus. Pas assez en tout cas pour toute la durée du séjour. Mais la douleur est trop forte. Je n'ai plus l'habitude de lui faire face tout seul. J'absorbe des cachets sans penser au lendemain. À chaque jour suffit sa peine. J'arrive à affronter le deuxième tournage à Essaouira sans problème.

Mais quarante-huit heures avant le tournage de la dernière « Carte aux trésors » à Ouarzazate, ce que je redoutais arrive : mon corps, bientôt, réclame sa drogue. Il se glace alors que ma tête brûle, impossible de dormir, impossible même de fermer les paupières ! Par chance, le tournage est momentanément interrompu. La crise de manque est terrible. Pendant deux jours et deux nuits interminables, mes yeux sont écarquillés, exorbités, comme maintenus ouverts, de force, par un ressort. Rien ne m'apaise. Moi qui n'aime pas l'eau, je me force à nager pendant des heures dans la piscine pour m'épuiser. En vain. Je ne parviens pas à lire, à me concentrer sur quoi que ce soit, même pas à écouter de la musique.

Je sais ce que c'est : une crise de manque. Une vraie, atroce, insupportable. Mon ami Bruno Cusa ne me lâche pas un seul instant, prodigieusement présent et proche, véritable sauveur.

J'ai sur moi en permanence une photo de Manon et d'Hadrien, mes enfants, mes petits chéris. Je ne cesse de la sortir et de la regarder. Pour me donner du courage, pour ne pas flancher. C'est pour eux que je me bats, que je veux m'en sortir.

Mais je souffre tant !

J'appelle en France un journaliste que j'aime beaucoup et qui doit venir nous rejoindre le lendemain sur le tournage dans le cadre d'un voyage de presse.

« Débrouille-toi comme tu peux, je t'en supplie, mais il faut impérativement que tu m'apportes des calmants. Le plus possible. »

Quand il arrive, j'avale tout le contenu du flacon qu'il me tend.

La veille du tournage, j'appelle Carol de ma chambre d'hôtel. Je craque. C'est fini. Je suis mort.

« Annule toutes les émissions prévues dans les semaines qui viennent. Demande à mon psy de me bloquer un lit dans une clinique psychiatrique. J'arrête tout. »

« J'arrive, dit Carol.

— Si tu viens, apporte-moi des cachets, je t'en supplie. »

Quelques heures plus tard, dans la nuit, Carol est là, avec les médicaments. Pour le reste, elle n'a rien fait de ce que je lui ai demandé. Elle me parle, m'apaise, me borde comme un enfant. Je pleure toutes les larmes de mon corps. Les comprimés m'assomment. Je dors toute la nuit.

Le lendemain, je fais l'émission sans aucun problème, en pleine forme. Je n'en reviens pas !

Le plus dur est passé. Le séjour sur place et les tournages sont terminés. Il y aura d'autres crises de manque un peu plus tard, beaucoup moins fortes, sorte de répliques à la première, mais c'est fini. La présence de Carol et les cachets qu'elle me distribue avec mesure me permettent de tenir debout et d'assurer.

Je suis sauvé.

Je suis allé au bout de l'enfer, je suis descendu au plus bas et j'en suis remonté aussi vite.

Mais je me suis peut-être enfin retrouvé. Grâce à Carol.

En revanche, c'est à moi, désormais, d'aller puiser au fond de mon corps toutes les ressources nécessaires pour me reconstruire et pour lutter seul contre la douleur physique. C'est à moi d'apprendre à vivre avec mon pied.

De retour en France, nous sortons à peine du parking d'Orly quand le téléphone de la voiture se met à sonner. Carol est au volant. Je décroche. C'est Rose, une des voyantes que je consulte parfois et à qui je n'ai pas parlé depuis un bon moment.

« Alors, vous avez compris la leçon que vous a donnée votre père, maintenant ? », me demande-t-elle doucement.

Les bras m'en tombent. Puissance de l'invisible, des forces du passé, de l'inconscient qui nous meut, qui reproduit des schémas pourtant bien révolus et agit à notre insu !

Comment a-t-elle su ? C'était matériellement, humainement impossible ! Et puis que voulait-elle dire par ces mots sibyllins ? Quel était le message de Rose ?

C'était simple : mon père s'était détruit. La dépression l'avait accablé. Il n'avait pas su lui tenir tête et l'avait fuie comme il pouvait à coups de médicaments dont il n'avait cessé d'augmenter les doses.

Je croyais être à l'opposé de lui, j'avais en réalité répété son exemple, et poussé le bouchon encore plus loin.

Maintenant, la chaîne est brisée. Je suis secoué, bien esquinté, mais guéri. J'en ai fini avec l'héritage paternel. La vie, belle et lumineuse, s'ouvre devant moi.

Comme toujours, avec une facilité déconcertante, je parviens à tourner la page. Du jour au lendemain, la drogue sort définitivement de ma vie. J'en suis surpris moi-même. Après des années de dépendance, je n'ai soudain plus besoin de morphine pour affronter la douleur. La drogue disparaît de ma vie subitement même si la douleur ira en empirant.

Un médecin m'apprendra plus tard, miracle de la puissance du cerveau, que la dépendance physique aux drogues ne dure en réalité qu'une semaine. Et s'il en va tout autrement de la dépendance psychique, pour des raisons que j'ignore toujours, celle-ci s'est dissipée aussi soudainement.

« Je ne peux plus rien pour vous », me dit quelque temps plus tard Françoise Vidal, la psychiatre que je vois depuis des années et qui est devenue une amie. « Nous sommes arrivés au bout de notre travail. »

Nous organisons tous les deux des concerts avec Jean-Philippe Collard, le virtuose, et trois autres pianistes pour venir en aide à l'association Intervenir au moment de la tragédie de l'ex-Yougoslavie. Je sens que je ne suis pas encore prêt à reprendre la route tout seul, sans une aide à mes côtés. Pour maîtriser la douleur, je me suis mis à la réflexologie et aux massages aux huiles essentielles. Mais ma tête n'est pas assez forte. L'estime et la confiance n'y reviennent qu'au compte-gouttes. Je pourrais peut-être rebasculer un jour ou l'autre. Ça me fait peur. Si je replonge, ce sera pour de bon. Je n'ai plus la foi. Ai-je perdu Dieu ? J'ai besoin de quelqu'un. Qui ?

« J'ai entendu parler d'un homme, ancien directeur juridique de laboratoires pharmaceutiques qui, comme il se savait atteint d'une maladie mortelle, a voulu mettre fin à ses jours, me raconte alors une amie proche.

— Sympa ton histoire ! C'est la solution que tu me conseilles ?

— Attends d'entendre la suite : figure-toi qu'il en réchappe par miracle. Il voit là un signe et décide alors de se consacrer aux autres. C'est quelqu'un d'une sensibilité inouïe. Il sent des vibrations que nul autre ne peut percevoir... Et sa maladie mortelle a disparu... »

Bien que sceptique, je suis troublé. Ça vaut peut-être la peine. Une seule séance. Qu'est-ce que je risque ? Une séance et je serai fixé.

Je me résous à l'appeler.

La première fois que je me retrouve devant Pierre, je décide d'attaquer très fort.

« Dieu m'a abandonné. »

Je me demande bien ce qu'il va pouvoir répondre à ça.

« Ah oui ? Quel jour ? Et ne serait-ce pas vous qui l'avez perdu de vue ? »

Il me sourit. Je lui souris aussi. Je baisse la tête, c'est lui qui a raison. On va bien s'entendre tous les deux, je crois.

« Comprenez bien ceci : ce n'est pas moi qui vais vous sortir de là, ajoute-t-il. C'est vous. Mais je vais vous y aider. »

Je revois Pierre régulièrement. Peu à peu, il m'aide à revenir sur un chemin spirituel, rallume ma foi, me détache du schéma de reproduction et de fatalité paternelle. Il me redonne ma confiance perdue.

Un jour que je n'oublierai jamais, à ma question « Alors, on peut vraiment croire en Dieu ? », Pierre me fait cette réponse extraordinaire : « Dieu, que d'autres appellent autrement, je ne vous demande pas d'y croire. Je vous propose de le vivre. »

« N'aie pas peur, m'assure de son côté sœur Emmanuelle. Arrête d'avoir peur, me répète-t-elle. Tout le monde se retrouve là-haut. Et puis simplifie-toi les choses : croire, c'est aimer, voilà tout ! »

Je l'invite souvent dans mes émissions. Je lui rends même visite, chaque fois que c'est possible, dans sa maison de « retraite » pour religieuses, dans le Var, près de Fréjus. La première fois, quand j'arrive, c'est l'heure de la messe. Dans la chapelle, de dos, je ne vois que des dizaines de robes blanches et de voiles. Comment distinguer Madeleine parmi elles ?

Facile ! Je n'ai qu'à regarder leurs pieds ! La seule religieuse en baskets, c'est forcément elle !

Madeleine vient aussi chez moi, dans ma maison. Elle est proche de mes enfants qui l'adorent tout comme moi.

« Même quand on n'a rien, on peut toujours offrir un sourire aux autres. »

Son enseignement me bouleverse. La lumière de son visage, l'étincelle de ses yeux. Je me rends au Caire pour faire l'ascension du mont Sinaï. Mon intention est également d'aller voir « les Chiffonniers du Caire », cet endroit mythique où sœur Emmanuelle a vécu, dit-elle, « les vingt meilleures années de sa vie ». De soixante-cinq à quatre-vingt-cinq ans ! Dormant par terre sur une paillasse. Partageant l'existence misérable des plus pauvres.

Mais à l'approche de l'endroit, l'odeur, la puanteur est telle que je ne peux pas avancer davantage. Je suis obligé de faire demi-tour !

J'ai de nouveau la foi, mais pas l'énergie hors du commun de sœur Emmanuelle. Son abnégation, son courage. Sa force de vie sidérante !

XXXII

Je peux à nouveau me regarder dans la glace. Je suis redevenu un homme maître de lui, de ses faits et gestes. La confiance en moi est de retour, je reprends du poil de la bête. Interviews, couvertures de magazines, reportages, en 1997, ma popularité est au beau fixe, elle n'a jamais été aussi forte.

Cette popularité croissante, à laquelle il faut ajouter la rubrique que je continue d'animer chez Michel Drucker et l'énorme succès de « La Carte aux trésors », m'éloigne lentement mais sûrement de Georges Pernoud. Nous nous voyons peu. Le tournage de « Faut pas rêver » a lieu le mardi tous les quinze jours. Nous enregistrons deux émissions : une le matin, une l'après-midi. Le reste du temps, je ne fréquente pas beaucoup France 3. J'écris tout seul mes lancements. Je rencontre les réalisateurs des reportages, discute avec eux et transmets ensuite à l'antenne leurs intentions en une minute trente. Les personnalités que je rêve de faire venir refusent rarement mes invitations. Un véritable succès.

Mais cette attitude, trop libre, trop indocile, n'est sans doute pas du goût de la production. Dans mon dos se trament contre moi des plans que je ne soupçonne pas. Ou que, dans ma bulle, je n'envisage même pas. Je pense être protégé par la sympathie que me témoigne le plus grand nombre.

Je me crois intouchable.

Au même moment se produit un petit changement, une fissure dans l'édifice pourtant solide. Comme je le craignais, forte du succès du magazine, la production se laisse tenter par des tournages en extérieur qui exacerbent les tensions. À Petra, en Jordanie, l'ambiance est difficile. Notre invité, Michel Le Bris, fait un infarctus sur place. Hormis l'équipe technique, la scripte, avec qui je m'entends parfaitement, je ne cache plus mon désaccord à l'égard de certaines décisions.

Il fallait s'y attendre : dans ce décor « naturel », magnifique certes, mais sans l'harmonie d'équipe indispensable à toute entreprise, l'émission perd son authenticité, sa « patte » d'origine. Pire encore ! J'ai le sentiment de plagier mon vieux copain Nicolas Hulot.

Seul devant la caméra, ne me sentant plus soutenu, je suis le plus exposé. Et bientôt, les critiques retombent sur moi.

Ma rubrique chez Michel Drucker s'arrête à la fin de la saison 1998 car Michel change d'émission. Dans sa nouvelle formule, il n'y a pas, pour le moment, de place pour moi. Le vent tourne et je ne le remarque pas. Je ne fais rien pour assurer mes arrières. Ni contractuellement ni humainement. Sur le papier, je n'ai aucune garantie. Mon emploi est loin d'être à durée indéterminée. Aucune clause ne me protège. On peut m'éjecter du jour au lendemain. Et je ne courtise personne, ne suis pas mondain. Je consacre à mes enfants et à ma femme le peu de temps libre qui me reste après toutes mes émissions. Je ne traîne pas dans les bureaux, dans les cocktails, à caresser les uns et les autres dans le sens du poil. Je n'appartiens à aucun cercle. Au fil des ans, j'aurais pu devenir producteur. C'était dans l'air du temps, tous les animateurs vedettes montaient leur boîte de production. Je ne l'ai pas fait. Je n'en avais simplement pas envie.

C'était un tort.

J'étais bien plus vulnérable que je ne l'imaginais.

Un jour, au printemps 1999, Georges Pernoud me convoque sur la péniche de « Thalassa », « Faut pas rêver ». C'est assez inhabituel. Pourtant je ne me doute de rien. Après un rapide échange de banalités, il va droit au but :

« Je dois t'annoncer une décision qui a été difficile à prendre : tu arrêtes de présenter l'émission.

— Mais pourquoi ?

— Parce que avec toi, on va dans le mur.

— Tu veux que j'arrête ? C'est ça ? »

C'est la seule phrase qui parvient à sortir. Il y a un silence de quelques secondes, mais qui dure une éternité.

« Tu peux partir tout de suite. »

Je n'ai aucun moyen de lutter, aucune envie non plus. Je me sens trahi, abandonné.

Je quitte la péniche quasiment en courant.

XXXIII

Passé le choc de cette « bombe », je réagis au quart de tour. Une épreuve de plus ! J'en ai connu d'autres. Ce n'est pas celle-ci qui va m'arrêter, au contraire ! Il faut qu'elle me permette de rebondir ailleurs, je veux le croire ! Pierre m'aide à avancer. « Quand vous êtes trop mal, oubliez-vous, me dit-il. Oubliez vos états d'âme, regardez une rose, regardez le monde qui vous entoure ; une fleur, un enfant grandissent sans s'en apercevoir. » Grâce à son accompagnement, je me sens beaucoup moins fragile qu'avant. J'ai rompu avec certaines dépendances et surtout définitivement avec la drogue.

Et puis, j'ai encore une autre corde à mon arc ! Il me reste « La Carte aux trésors » et ses millions de téléspectateurs. Une émission qui me plaît vraiment alors que les tournages de « Faut pas rêver », depuis le début, n'ont jamais été très simples. La veille, j'avais une boule dans le ventre qui ne me quittait pas. Ne plus avoir à plonger dans cette atmosphère angoissante me soulage d'un coup. De toute façon j'aime bien mieux être dans un hélico qu'en studio. Ça me correspond davantage.

Tout compte fait, je ne cesse de me convaincre qu'il s'agit peut-être d'un mal pour un bien. Je m'étais installé dans une routine confortable sans me remettre en question. Et le confort ne me va pas. Au fond, la nouveauté, l'inconnu, me sont nécessaires. Tout cela est tellement plus fertile ! Je suis blessé, c'est indéniable et naturel, mais la blessure est superficielle. Rien de grave. Je m'en remettrai.

Comme toujours.

Si, dans cette mésaventure, mon orgueil a été atteint (comment accueillir avec indifférence l'annonce de son éviction ?), je m'aperçois que ma confiance reste intacte. Ce n'est pas ma capacité de travail ni mon professionnalisme qui sont remis en question. Je ne trouve pas d'explication à mon renvoi de « Faut pas rêver ». Le public non plus, semble-t-il. Mon remplacement intempestif par Laurent Bignolas entraîne une avalanche de courrier adressé à la chaîne. Mais le directeur de France 3, Jean Réveillon, que j'aime beaucoup par ailleurs, m'a demandé de garder le silence.

Quant à moi, face aux confrères qui me harcèlent de questions, je répète la même phrase à longueur de temps :

« Je ne peux rien vous dire. »

Ce qui signifie à la fois l'interdiction et l'impuissance. Rien n'est plus vrai !

Et très honnêtement, aujourd'hui encore, je n'ai toujours pas compris !

À la rentrée de septembre 1999, après le succès renouvelé de « La Carte aux trésors » pendant les deux mois d'été, je me retrouve, comme promis par Jean Réveillon, animateur et coproducteur à ma demande avec Stéphane Courbit d'un magazine programmé à 20 h 50 le mardi sur France 3. « Changez de vie », c'est la version télé de mon émission sur France Inter « On ne vit que deux fois ». Le principe est le même et le thème général m'est plus cher que jamais : comment renaître de ses cendres quand tout a brûlé autour de vous et en vous ? Seulement, la télévision, ce n'est pas la radio : les anonymes sont moins bienvenus que les stars. Encore une fois, je fais jouer mon carnet d'adresses.

Ma chère sœur Emmanuelle est une des premières à répondre à mon appel. Comme à chaque fois, sa présence sur un plateau de la télévision illumine l'écran et attire des milliers de téléspectateurs émus et charmés. Je reçois d'innombrables courriers. « Merci, monsieur Augier, de nous faire toujours rêver, de nous redonner espoir. »

Cela fait chaud au cœur ! Chaque fois que je le peux, je les remercie à mon tour.

Dans le même temps je m'associe avec Stéphane Courbit que j'aime beaucoup pour une émission intitulée « Pourquoi, comment », diffusée une fois par semaine, le vendredi soir en première partie de soirée, sur France 3. Plusieurs invités y commentent des images spectaculaires et inédites. C'est la mode de l'« infotainment », mélange d'info et de divertissement.

Je me sens plein d'énergie et de désir. J'ai envie de faire de nouveau de la radio. Mon exclusion de « Faut pas rêver » m'a piqué au vif. La saison qui suit mon départ, l'émission quitte le vendredi soir, l'audience se met à chuter. Je ne dirai pas que ça me console, mais je suis conforté dans la certitude qu'un présentateur, à la télévision, n'est pas un pauvre joujou manipulé par un marionnettiste qui, des coulisses, tire les ficelles à sa guise.

L'animateur, c'est le « supplément d'âme ».

En 2000, l'arrivée de Marc-Olivier Fogiel sur France 3 avec « On ne peut pas plaire à tout le monde » signe l'arrêt de « Changez de vie ». Bientôt « Pourquoi, comment » stoppe également. C'est la fin d'une époque, d'un style. Une nouvelle génération s'impose. J'appartiens à la précédente. Cette fois, je ne me bats même pas. Je ne bouge pas. J'estime que c'est un signe. C'était prévu. Mon exécution a eu lieu en deux temps. Pour ne pas trop choquer les téléspectateurs. Et tenter de me ménager. C'est ingrat, c'est injuste, mais il n'y a rien à faire. La télévision est un monde éphémère et un milieu cruel. On y vieillit plus vite qu'ailleurs.

Je ne suis pas stressé.

Il me reste « La Carte aux trésors » et ses tournages en mai et juin.

Sur la chaîne câblée Voyage, je présente et produis des reportages « vus du ciel » en reprenant des centaines d'heures de rushs produites en hélico pour la chronique chez Michel Drucker. Je fais la même chose pour Télé Monte-Carlo. Le DVD de *La France vue du ciel*, aux Éditions Montparnasse, remportera plus tard un formidable succès. Le reste du temps, je me consacre à ma famille et à la lecture. Pierre m'aide à me reconstruire, il m'apprend à vivre avec ma douleur au pied sans recourir aux médicaments et à surmonter ma peur panique de l'abandon.

« Si tu as mal, c'est que tu es vivant », m'avait dit un jour Jean-Louis Étienne.

« Quand on sent de la chaleur au milieu des autres, c'est qu'on ne se sent plus seul », me répète Pierre.

Je sens de la chaleur dans mon pied.

Et je crois toujours qu'il faut rêver sa vie. Personne ne le fait à votre place ! Il n'y a que nous pour donner un sens à notre existence.

En septembre 2001, pour mon plus grand bonheur, je retourne dans un studio de radio, derrière un micro. Sud Radio, station régionale implantée à Toulouse et diffusée dans le Grand Sud-Ouest, m'offre une heure et demie quotidienne sur un plateau, en direct, du lundi au vendredi. J'ai quartier libre pour faire ce que je veux, inviter qui je veux.

La proposition est alléchante. C'est un retour à mes premières amours, loin du mirage du petit écran. J'ai très envie d'accepter.

Le seul problème, c'est que je vis à Paris.

« Qu'importe ! me répondent les dirigeants de Sud Radio, la station bénéficie de la même régie publicitaire que RTL. Tu auras un studio 22, rue Bayard dans les locaux de RTL. »

Comment résister ? Je suis conquis. Le 3 septembre, je redémarre une « vie radio » sur les ondes de Sud Radio. J'ai choisi la forme simple, celle que j'ai toujours privilégiée, celle qui me semble la plus belle, la plus noble, la plus efficace, et m'a conquise, adolescent, quand j'écoutais Jacques Chancel dans « Radioscopie » : un long entretien avec un invité unique.

C'est ainsi que naît « Sylvain Augier en toute liberté ». Et ce n'est sans doute pas un hasard si mon tout premier invité est Jean-Louis Étienne !

Pendant un an, je me régale. De Yannick Noah à Erik Orsenna, de Claude Nougaro à Henri Salvador, de Philippe Djian à Jean-Pierre Mocky en passant par Jean-Jacques Annaud, Claude Lelouch, Véronique Genest ou Georges Moustaki, je reçois derrière les micros de Sud Radio les personnalités les plus variées et les plus passionnantes. Écrivains, éditeurs, chanteurs, acteurs, réalisateurs, musiciens, etc. De très célèbres comme Michel Serres, Georges Charpak, Max Gallo, Laurent Voulzy, Laurent Gerra, Patrick Bruel. Mais aussi des débutants encore peu connus du grand public comme Benabar, Juliette, Calogero, Yann Tiersen, entre autres.

Et je me fais le plaisir d'inviter des gens qui comptent beaucoup pour moi, que j'admire énormément et qui ont une signification précieuse dans mon existence. Jean-Jacques Goldman, Juliette Gréco, Albert Jacquard, Boris Cyrulnik, Jacques Lacarrière, Renaud, Patrice Leconte, Joël de Rosnay, sans oublier Yaguel Didier, le père Jaouen, Philippe Asso ou sœur Emmanuelle, entre autres…

Une programmation en or !

Mais en dépit d'une campagne de publicité spectaculaire à Toulouse (affiches à l'arrière des bus et dans toute la ville), l'émission peine à décoller. Elle ne correspond pas aux auditeurs de la radio.

La station décide de l'arrêter au bout d'un an.

Mon dernier invité est Éric Valli, le réalisateur du film magnifique produit par Jacques Perrin, *Himalaya, l'enfance d'un chef*. Avant que les micros ne soient coupés définitivement, il me donne un dernier conseil :

« À un rond-point de la vie, soit tu tournes en rond, soit tu prends la voie qui te fait le plus peur. »

Un conseil que je n'avais jamais entendu jusque-là !

XXXIV

La voie qui me fait le plus peur ? Ce n'est pas du tout ce à quoi je pense qui va m'arriver. J'envisage plutôt des projets ambitieux qui me terrifient, mais Yaguel Didier m'a prédit que j'aurai un accident de moto. Grave. Mais pas mortel. Ma vie va aussi changer radicalement. Je réaliserai de grands projets, très différents de mes activités actuelles. Plus tournés vers les autres. Je vais bouger, encore. Renaître, toujours.

« L'avenir est écrit à ce point-là ? »

« Non, mais un homme averti en vaut deux », me répond Yaguel.

Même si l'idée de souffrir me fait peur, la perspective d'un accident ne m'angoisse pas. Je sais aussi, d'une certaine manière, qu'il m'est nécessaire. Il a du sens.

Mais je ne cherche évidemment pas à le provoquer. Je n'y pense pas plus que ça. Une prédiction, c'est au moment où elle se produit qu'on s'en souvient soudain.

Le 25 juillet 2003, alors que la France est écrasée par la canicule, je me trouve en vacances en Corse avec ma petite famille. Nous revenons de Saint-Florent, en direction du Cap Corse. Une des rares lignes droites de l'Île de Beauté ! Je roule assez lentement sur mon Africa Twin. Rien ne presse. Il fait très beau et très chaud. Je suis détendu, reposé, heureux. J'adore la Corse. J'ai un passager sur ma moto, un jeune garçon, Ivan, qui est avec nous pour l'été. Carol et les enfants suivent à quelques centaines de mètres derrière en voiture. Il y a un peu de circulation. L'été bat son plein. L'île est envahie par les touristes.

Tout va très vite. Une camionnette de pompiers qui dépasse les véhicules se rabat très tard et trop brusquement devant moi, et juste derrière, en train d'essayer de la doubler, une voiture qui arrive à 140 km/h…

Le choc frontal est d'une violence inouïe. Je suis projeté à une trentaine de mètres par-dessus la voiture, sur la route. Je ne me souviens que du bruit, épouvantable. Je fais un vol de trente mètres en une fraction de seconde. Il y a du sang partout. Mon genou est explosé. Mais pour le reste, ça a l'air d'aller. Je me relève aussitôt. Mon pied abîmé est sanguinolent. Et, malgré mon genou en vrac, comme l'avait fait ma grand-mère des années plus tôt avant de sombrer dans le coma, je me relève. Par quel miracle ? Je ne sais pas. Nulle part je ne vois Ivan. Je suis très inquiet pour lui. Je crie son nom. Je hurle. Je regarde à droite et à gauche.

« Ivan !

— Je suis là ! »

Je l'entends soudain au loin. Il est tombé à un tout autre endroit que moi, dans le maquis. Il est en vie. Je ne le vois toujours pas.

« Est-ce que ta tête bouge ?

— Oui.

— Est-ce que tes mains bougent ?

— Oui.

— Est-ce que tes pieds bougent ?

— Oui.

— Alors ça va. Reste où tu es, on va venir te chercher. »

Il a l'air indemne, c'est incroyable ! Le jeune conducteur de la voiture aussi, d'ailleurs, qui est en train d'examiner les dégâts de sa carrosserie sans se soucier le moins du monde de mes blessures. Ma moto est disloquée. Elle a été pulvérisée dans son capot avant.

Je m'assois par terre. Je sens que je vais m'évanouir. Le décor alentour a pris une teinte noir et blanc. Je vois le pompier courir vers moi. Carol et les enfants vont arriver. Il faut que je résiste pour eux. Je m'en suis sorti, encore une fois, comme me l'avait annoncé Yaguel.

« Mon téléphone portable ne marche pas », me dit le pompier, très ennuyé et dans l'incapacité d'appeler une ambulance ou un hélico. « Vous n'en auriez pas un, par hasard ? »

« S'il n'est pas en miettes, j'en ai un dans ma poche intérieure, vous pouvez regarder. »

Je trouve la situation assez cocasse. Pour un peu, j'aurais envie de rire.

« Il a l'air de fonctionner. Je peux passer un coup de fil ? »

Carol et les enfants sont là. Ils n'ont pas vu l'accident, heureusement, mais Hadrien a trouvé le rétroviseur de la moto sur le bas-côté de la route. Il le serre dans sa main en pleurant.

Devant eux, je tiens bon. Je parviens même à plaisanter, pour dédramatiser le spectacle de mon sang qui se répand sur la route. J'ai chaud, je souffre, je serre les dents. Je sais que je suis devenu plus fort, plus résistant dans ma tête. Je ne doute pas de moi. Mais l'idée d'avoir à endurer une nouvelle douleur physique (pendant combien de temps ?), de l'ajouter à celle, permanente, de mon pied, me terrifie.

Les secours arrivent.

Dans l'ambulance, je demande au médecin une piqûre de morphine. Je sais que dès demain j'aurai suffisamment de force en moi pour lutter et vaincre seul. Mais là, tout de suite, après la violence de l'impact, mon effrayante angoisse pendant quelques minutes pour Ivan, les sentiments qui ont suivi, avec ce mélange de peur et de soulagement, cette nouvelle interrogation sur l'avenir, sur mon genou, maintenant que je ne suis plus face à mes enfants mais en route pour les urgences de l'hôpital de Bastia, je sens toute ma résistance me quitter, je m'accorde le droit d'être faible.

Je me lâche et m'évanouis.

« Vous avez la rotule en mille morceaux, les ligaments déchirés. C'est comme si une bombe avait explosé dans votre genou, m'annonce le chirurgien qui examine ma blessure à la radio. Vous avez eu beaucoup de chance. Heureusement que vous ne rouliez qu'à 50 km/h. Si vous aviez été à la même vitesse que l'automobiliste qui vous a percuté, vous seriez mort... »

Encore. Le nombre de fois où j'aurais dû mourir dans ma vie !

« Et même sans ça..., reprend-il, c'est quand même un miracle... C'est votre genou et votre pied qui ont quasiment tout pris. Imaginez votre tête à la place... Vous avez vraiment de la veine... »

Le ciel m'aime. Ma mère me l'a toujours répété... Ma mère ! Il vaut mieux ne rien lui dire. Elle se ferait du mauvais sang pour rien. Mon père est mort l'année dernière, en 2002, dans sa maison de repos, d'un infarctus. Depuis, elle vit à Forgues. Inutile de l'inquiéter. Elle ne pourrait pas venir, se sentirait impuissante. Ce n'est plus comme pour mon pied, quand elle n'avait pas quitté mon chevet pendant des semaines. Depuis, quinze années ont passé. Et je me suis marié...

« Ce que je ne m'explique pas..., poursuit le médecin, c'est comment vous avez pu vous relever, tenir debout et marcher sur plusieurs dizaines de mètres avec un genou dans un pareil état... Je ne comprends pas !

— C'est de famille. »

Je lui souris. La morphine m'a ôté toute douleur. J'ai déjà récupéré.

XXXV

C'était bien la peine de cacher la vérité à ma mère ! Deux jours après mon accident je fais la couverture d'*Ici Paris* sous le titre choc : « Sylvain Augier échappe à une mort atroce. »

La pauvre ! Je suis obligé de l'appeler de l'hôpital de Garches, où l'on m'a transféré depuis la Corse. Je la rassure. Les journalistes exagèrent toujours, je suis bien placé pour le savoir ! Ce n'est rien du tout. Je suis entre de bonnes mains. Thierry Judet va rentrer de vacances pour s'occuper de moi.

Je ne lui dis pas que pour le moment je suis obligé de ramper pour sortir de mon lit en attendant l'opération. J'ai le genou en miettes. Je ne lui avoue pas que la douleur est épouvantable et que je dois puiser toutes les forces qui sont en moi pour lui tenir tête. Seul. Je dois encore attendre quelques jours avant de passer sur le billard. Pourtant j'ai le moral au beau fixe. Je traverse l'épreuve avec une légèreté qui m'étonne moi-même.

Je me battrai jusqu'au bout, une fois de plus.

« Ton genou, c'est du gravier. Qu'est-ce qu'on fait ? On le remplace par une prothèse ? Aux États-Unis, ton assurance ruinerait la mienne ! Blague à part, je préfère te prévenir : ça va être long, tu vas en baver et tu ne récupéreras pas tout », m'avertit Thierry Judet.

Je l'avais deviné. Mais pour moi, c'est tout réfléchi. Si j'avais remplacé toutes les parties de mon corps que je me suis esquintées au fil des ans, j'aurais aujourd'hui l'allure d'un homme bionique !

« Je veux garder mon genou.

— Le contraire m'aurait étonné, me répond Thierry. Et les risques d'infection, tu y as songé ?

— C'est la part du diable. Elle est imprévisible.

— Alors on y va quand même ?

— Bien sûr que oui ! »

L'opération est longue. Triple cerclage de la rotule. Très vite, je demande à sortir et à retourner en Corse. D'autant plus que la température de la chambre est insoutenable. La canicule bat son plein. Là-bas, je ferai ma rééducation tout seul.

Je commence à avoir l'habitude.

Le 10 août, cinq jours après l'opération, je m'envole à nouveau pour Bastia. Pendant le vol, je souffre le martyre. Je reste en Corse jusqu'à la fin du mois de septembre. Tous les jours, je marche. Je me fixe des points de repère. « Aujourd'hui je vais jusqu'à cette maison là-bas. » Parfois, je place la barre trop haut et suis obligé de la redescendre un cran au-dessous, tant c'est douloureux. Le principe est simple : aller jusqu'au bout de la douleur et la repousser un peu plus chaque jour.

Mais je tiens, je m'accroche. Pas une minute je ne perds la foi.

Et à la fin du mois de septembre, je remarche presque normalement. J'ai même repris mon scooter en y coinçant mes béquilles.

La vie peut continuer. La vie, de toute façon, ne s'arrête pas. C'est une mer sans cesse en mouvement. Chaque jour est l'occasion d'écrire une nouvelle page de notre histoire, de notre existence.

Pendant trois ans, hormis quelques manifestations ponctuelles ici et là, « La Carte aux trésors » constitue l'essentiel de mes activités et ma seule source de revenus. L'émission marche toujours aussi bien. On en tourne même deux en Nouvelle-Calédonie. Pour ma part, j'apprécie énormément l'équipe, mais je m'entends moins bien avec le producteur qui, saison après saison, tente de reprendre la main sur tout. Désireux de doper l'audience, il n'hésite pas à tomber dans la mode de la real-TV.

Frank, le pilote de mon hélico (par ailleurs mon grand complice, formidable camarade), et moi refusons de nous plier à certaines de ses exigences. Le plus grand reproche qu'on me fait, par exemple, est de ne pas assez bosser les énigmes. Il est vrai que par pure provocation, j'affecte parfois un je-m'en-foutisme.

« Arrêtez de dire que vous ne travaillez pas, que vous êtes un imposteur, me reproche Pierre. Car c'est faux. Vous travaillez énormément, à votre rythme et à votre manière. Votre capacité de production est impressionnante. Ne donnez pas le bâton pour vous faire battre. Ça vous a déjà nui et ça risque de le faire encore. »

Frank, le pilote, est remercié en 2005. C'est un avertissement. Je devrais être sur mes gardes et songer sérieusement à me protéger. La leçon que j'ai reçue avec la fin brutale de « Faut pas rêver » m'a appris que personne n'est intouchable. Tôt ou tard, nous finissons tous par tomber.

Pourtant, encore une fois, je ne fais rien pour anticiper le coup. Je ne le vois pas venir. Je suis probablement très naïf. Je crois bien remplir le rôle qui m'a été confié et connais surtout ma résistance physique aux conditions éprouvantes des vols et des tournages. Le fameux hélicoptère blanc est régulièrement comme moi à la Une des magazines, et je pense être à l'abri d'autant que le nouveau directeur général chargé de l'antenne de France Télévisions s'appelle Patrice Duhamel. Nous nous connaissons bien depuis longtemps, et nous avons même lancé « La Carte aux trésors » ensemble dix ans plus tôt.

Mais un beau jour, au mois de janvier 2006, lors d'un point presse, France 3 annonce purement et simplement mon départ de « La Carte aux trésors » : « Suite à l'accident de moto où il s'est cassé le genou il y a trois ans, Sylvain Augier n'a jamais vraiment retrouvé ses pleines capacités. Il a décidé de se reposer. Il sera désormais remplacé par Marc Bessou. »

C'est un coup de poignard, un coup de massue terrible. Je n'en ai même pas été informé avant. Personne ne m'a demandé mon avis ! J'ai même déjeuné quelques jours avant avec le nouveau directeur des divertissements de la chaîne qui était tout à fait cordial. Je suis stupéfait. Que puis-je faire ? Rien.

Du jour au lendemain tout s'arrête, je suis viré comme un produit usé, désormais inutile.

Tout est fini pour moi. Comment vais-je pouvoir payer mes impôts, les traites de la maison, entretenir mes enfants, ma famille ?

C'est le grand vide.

La vie, encore, qui m'oblige à me renouveler.

XXXVI

Pendant quelque temps, je m'agite à droite et à gauche. Je monte des projets à toute vitesse, je contacte des gens. Je lance plusieurs bouteilles à la mer. Mais toutes mes propositions sont rejetées. Personne ne me tend la main. Nul ne vient me chercher. Mon téléphone ne sonne plus. C'est terminé. Une partie de mon histoire s'est achevée, je le comprends. Plus rien ne sera comme avant. Inutile de me boucher les oreilles pour tenter de ne pas entendre le message pourtant très clair que la vie vient de me donner. La télé, c'est fini.

Une page se tourne.

Et, dans ce milieu, il y a rarement une seconde chance.

J'ai fait mon temps. Le moment est venu pour moi de changer radicalement d'existence.

C'est plus facile à dire qu'à faire ! La rupture est si brutale, si violente, si soudaine que j'en subis l'onde de choc, puissante, pendant une longue période. Je sens la dépression qui frappe à la porte et voudrait bien entrer à nouveau, reprendre ses quartiers. Je ne veux pas. Je ne peux pas avoir fait tout ce chemin pour revenir au même point !

« Vous ne devez pas avoir peur, me dit Pierre dont les mots font écho aux paroles de sœur Emmanuelle. Voici une nouvelle épreuve dont vous sortirez grandi. La vie n'est qu'une alternance de creux et de crêtes. Mettez à profit cette période de creux pour réfléchir à votre parcours jusque-là, à ce que vous avez bâti, à ce que vous avez vaincu, à ce qu'il y a encore devant vous, aux petits êtres qui dépendent de vous et dont vous êtes responsable. Choisissez ce moment de recul, de retraite, de méditation, pour faire un point avec vous-même. »

Et il ajoute : « Le hasard n'existe pas. Vous connaissez la phrase de Cocteau, non ? "Le hasard, c'est la forme que prend Dieu pour passer incognito". » Einstein l'avait dit lui aussi.

Retrouver Dieu, passer plus de temps avec mes enfants, mes petits anges blonds que j'adore, mettre en place de nouveaux projets et me donner les moyens de les réaliser. Continuer à avoir des rêves, même les plus fous !

De manière concrète et urgente, je dois vendre notre maison. Et puis, un jour, l'évidence me saute aux yeux : pourquoi ne pas profiter de l'occasion pour tout quitter et partir vivre dans le sud de la France ? Là où il y a trois cents jours d'ensoleillement par an ; où Carol, passionnée d'équitation et excellente cavalière, pourrait enfin laisser libre cours à son amour des chevaux ; où nous pourrions nous installer dans une maison à l'écart de la ville et des embarras de la région parisienne ; où les enfants vivraient plus près de la nature et poursuivraient leur scolarité dans un tout autre contexte...

Pourquoi pas, en effet ?

Troublant : j'avais dix ans quand mes parents ont dû quitter Paris pour Toulouse. Manon a dix ans et rentre en 6e au collège. Est-ce un signe supplémentaire de l'histoire ? Un clin d'œil paternel ? Les leçons que mon père me donne, même de l'Au-delà, ne s'arrêteront donc jamais ?

Cette fois, pourtant, c'est différent. Il n'est pas question de prendre le même chemin que lui. Je ne « rentrerai » pas à Toulouse. Le Sud-Ouest appartient à mon enfance, à mes origines. Je ne veux pas de retour en arrière.

À partir d'aujourd'hui, « mon Sud » sera tout autre.

Rapidement notre choix se porte sur la région de Nîmes. À trois heures de Paris en TGV. La maison de nos rêves nous attend dans le Gard. Reste à vendre correctement celle de Rueil-Malmaison. Je ne suis pas inquiet. Grâce à un rendez-vous avec Yaguel, je sais que tout va aller très vite et que je vais trouver simultanément l'argent nécessaire pour mener à bien un projet extraordinaire, qui désormais me tient énormément à cœur : l'Europe vue du ciel.

J'ai calculé avec mon inséparable ami, Bruno Cusa : il nous faut trouver trois millions d'euros ! Une paille !

« Vous les trouverez. Au moment où vous déménagerez, toutes les portes s'ouvriront, tout va se faire en même temps. »

Les prédictions se réalisent. Au-delà même de mes espérances. Notre départ dans le Sud se passe sans encombre et avec le plus grand naturel. Sensation soudain de respirer ! Mais pourquoi ne l'avons-nous pas fait plus tôt ? Moi qui ai tant besoin du soleil et de la nature ! Ce « mouvement », ce « déplacement » du centre de gravité, me redonne une énergie folle. En quelques mois, grâce à Nicole Jeanrenaud, une jeune femme de l'Union européenne de radio télévision à Genève, je trouve le budget pour partir filmer les plus beaux endroits d'Europe en hélico, grâce aussi au talent créatif de mon ami Patrice Parmentier et avec mes complices de toujours, Frank Arrestier et Bruno Cusa. Et c'est parti pour l'aventure. Un des plus beaux voyages de ma vie, de l'Irlande à la Finlande en passant par l'Europe centrale, l'Espagne et la Suède : vingt-cinq pays, pour la plupart inconnus, trente-cinq mille kilomètres en trois mois, tous les trois en hélico. Les plus beaux lieux, les grandes capitales, les plus beaux paysages…

C'est un rêve éveillé, un privilège immense. Je mesure ma chance, je remercie Dieu. Je suis en plein accord avec moi-même. Je fais désormais ce que j'aime avec une équipe adorable et sans plus aucune concession. J'apporte aux autres de l'évasion, de la magie. Je ne me vends plus, je ne triche pas. Et ceux qui ont décidé que j'étais fini, has been, out, ne se doutent pas du bien qu'ils m'ont fait, du service qu'ils m'ont rendu.

Depuis longtemps, je ne recherche plus ni la notoriété ni l'argent. Ils ne sont pas synonymes de bonheur, je l'ai compris.

Mais chaque obstacle est une chance, matière à action, une occasion de plus de grandir.

J'ai choisi de vivre serein et de garder ma liberté. Maintenant, j'ai envie de vivre, je n'ai plus peur de la vie, de l'inconnu, de demain. J'aime les autres et le présent.

J'ai appris à pardonner et à me pardonner.

Hier ne reviendra pas. Alors profitons de ce cadeau inouï qu'est la vie.

Et, comme l'a si bien dit Woody Allen, « Seul l'avenir m'intéresse puisque c'est là que je suis amené à vivre ».

Je suis convaincu que tout est possible et que le meilleur est encore à venir.

Remerciements

Merci de tout cœur à Bérénice Morel, sans l'aide de qui cet ouvrage n'aurait pas été écrit, à Renaud Delourme, qui m'a convaincu de l'éditer, à Jeanne Barzilaï, qui m'a aidé à le relire, et à l'équipe qui m'entoure affectueusement depuis longtemps, Anne Tricaud, Bruno Cavalié, Bruno Cusa, Sofia Roblès, et à tous ceux, si nombreux, que j'aime et qui m'ont permis d'écrire cette histoire, celle de ma vie, jour après jour.

À tous merci…

9173

Composition
PCA à REZÉ
Achevé d'imprimer en Espagne
par LITOGRAFIA ROSÈS
le 6 décembre 2009.

Dépôt légal décembre 2009. EAN 9782290021965

ÉDITIONS J'AI LU
87, quai Panhard-et-Levassor, 75013 Paris

Diffusion France et étranger : Flammarion